ドイツ職人紀行

Osamu Ikeuchi
池内紀

東京堂出版

はしがき

大工、指物師《さしものし》、石工《いしく》、檜物師《ひものし》、箸師《はしし》……。かつて日本人の生活を支えていた職人たちである。解説書には、古書より採録した絵がついていて、仕事中の姿を見ることができる。

大工のうちの棟梁クラスは「番匠《ばんしょう》」ともいわれた。工事や正月の仕事始めには、棟梁が手斧《ちょうな》を握って一打ちするのが大切な行事だった。指物師はインテリア専門で、はじめは大工が兼ねていたが、江戸時代に独立の職種になった。

石工の絵では、石切り場で少年が石を切っており、徒弟制が行われていたことがわかる。檜物師は檜《ひのき》の薄い板で曲物《まげもの》をつくるところからついた名だが、やがてひろく木製の生活容器専門職を指すようになった。

箸づくりの職人が生まれたのは、江戸や大坂の都市としての成熟とかかわっているだろう。客を招いての会食や、一般人の外食が多くなり、漆塗りの高価な箸や、使い捨ての割り箸が必要になったからではなかろうか。

そういった「職人尽くし」を見ていくと、日本という国が、いかに木の国であったかがよくわかる。山の幸が形をかえて基盤をつくり、木工技術が高度に発達した。修業をつんだ技術者は、素人が目を丸くするようなワザと知識をそなえ、「職人気質《かたぎ》」と呼ばれる、誇りと責任のいりまじった独特の個性をやしなってきた。

では、ドイツの場合はどうなのだろう？

当然のことながら長い歴史があり、職人たちが人々の暮らしを支えてきた。ゲーテの二つの小説『ヴィルヘルム・マイスターの修業時代』『ヴィルヘルム・マイスターの遍歴時代』が示すように、修業と遍歴があって、一丁前の「マイスター」が誕生する。12〜13歳の少年が親方について修業に入るとき、年季は7年と決まっていた。不思議な偶然だが、日本においても厳しい7年の徒弟暮らしがあって、はじめて一人立ちが認められた。

もとより年季だけでは足りない。年《ねん》が明けたあと、遍歴に出る。日本では「渡《わた》り」と言ったようだが、世を渡りつつ腕をみがく。ドイツと日本にかぎらず、職人の世界を比較すると、おどろくほど似通った習わしなり慣例なりが見つかるだろう。異文化性をこえた、ワザの普遍性がはたらいているからだ。

職人は道具を工夫し、道具を使いこなす技術者である。

「細工は流々《りゅうりゅう》、仕上げを御覧《ごろう》じろ」

いまでは巧みに仕込みをして、利益をゴッソリかっさらうときなどに使われるが、もともとは技術ひと筋の職人が、多少ともいたずら心をまじえて口にしたセリフだった。左甚五郎《ひだりじんごろう》こと飛騨の甚五郎をはじめとして、伝説的な名人上手の逸話が多く伝わっている。仕上げると「細工は流々」とつぶやきながら、何くわぬ顔で立ち去ったらしいのだ。

ドイツにも似たようなエピソードがいくらもある。飛騨の匠と同じような技能集団がいて、そこから代名詞のような人物が世をにぎわした。ニュルンベルクの時計師は、いち早く卵型の懐中時計を考案し、「時を告げる雄鶏」ならぬ「時を告げる卵」で市民たちをたのしませた。西洋渡来のからくり時計を参考にして、江戸の時計師、時計屋右兵衛は寛文13年（1673）、からくり仕掛けの和時計をつくった。手工業技術は特殊なようでいて、きわめてグローバルな性格をおびている。

近代とともに機械化による大量生産の時代がきた。道具を工夫し、道具を使いこなす職人にかわって、機械を発明し、機械を操作するエンジニアが登場した。新しい生産形態が手工業生産を追いつめ、蹴ちらし、消滅させていった。その過程も、ほぼ相似た時代に進行し、同じような結果にいたったと思われる。これについては技術史、生産史の専門家が詳細は述べているだろう。

もう15年ちかく前のことになるが、年に何度かドイツへ行くたびに、ドイツの職人を訪ねる旅をした。幸い書く場が見つかったので、3年ばかりつづけたと思う。べつに深い考えがあってのことではなく、職人といわれるタイプが好きであって、その職種がそう簡単には消え失せないだろうと信じていたからだ。さらに皮革業だとライン河畔のヴォルムス、靴づくりだとフランス国境に近い町が、ひところ全国の注文を一手に引き受けていた。いったいどうしてなのか。そんなことも気になっていた。

ドイツの古い手職を絵と詩句で紹介した古書があって、それを参考にするのはどうだろう。幸いにも翻訳されていて、苦労なしに読める。

以下、何度もお世話になるので、ここにわが手引き役を紹介しておこう。中世の終わりごろに出たもので、仮に訳すと『身分と手職の本』という。元の標題は、当時の習わしで、タイトルにキャッチフレーズをこめているので、おそろしく長い。計114種のこの世の「なりわい」を収め、それぞれに八行詩と木版画がついている。

詩　ハンス・ザックス（1494〜1576）
画　ヨースト・アマン（1539〜1591）

（1568年の刊行。ハンス・ザックスにとっては晩年の作、アマンにとっては若年期の仕事にあたる。訳書は『西洋職人づくし』のタイトルで、解題は小野忠重、詩の翻訳は村田郁夫により、

1970年、岩崎美術社刊)

ハンス・ザックスはニュルンベルクの生まれ。靴匠の徒弟から始めて、青年期は南ドイツを遍歴、靴づくりの修業をかさね、そのすがら、各地の歌の道場で歌づくりにも腕をみがいた。帰郷後、マイスターとなってのちは、靴づくりと創作に専念。ニュルンベルクの靴匠兼謝肉祭劇の作者として知られた。ワーグナーの「ニュルンベルクのマイスタージンガー」でごぞんじの人もいるだろう。

ヨースト・アマンについては、小野忠重の解題によると、スイス・チューリヒの生まれ。早くに絵を学び、バーゼルと思われるが、遍歴修業ののちニュルンベルクに落ち着いて、主に木版師として活躍。「大型の荷馬車にもつみきれない量」の仕事をしたというが、力づよい、リアルな描写からも腕達者な職人だったと思われる。くり返しお世話になるので、引用にあたっては「アマンの本」「ハンス・ザックスの本」「職人尽くし」「職業尽くし」など言い替えている。多様に変化しても、同じ一つの元本である。

ドイツ職人紀行
目次

第2章

神様の贈り物

第3章

天までとどけ

第4章 けむりの行方

第5章 喉をからして

終章　ごきげんよう

第1章

町の早耳

町の早耳

理髪師

ふつう旅行者は理髪店に用がない。出かける前にととのえていく。用がなければ目に映らない。ドイツ旅行から帰ってきた人に理髪店のことをたずねても、おおかたの場合、見かけなかったと答えるのではなかろうか。

むろん、ドイツにも理髪店はある。古い職業であって、ヨースト・アマン版では「歯医者」の前。ハンス・ザックスの詩を読むと、その理由がわかる。

並びなき器用人とはわしがこと
神の恩寵のましますままに
切傷、古傷、骨折り、できもの
万能の軟膏分けて進ぜる

たしかにタイトルに「床屋」とあるのに、いっこうにそれらしいセリフがない。後半になってやっと出てくる。

梅毒治療、そこひの手術
やけどの手当て、虫歯の抜歯
加えてひげ剃り、洗髪、調髪
瀉血《しゃけつ》なんぞもおまかせあれ

全八行のうち、理髪関係は一行だけ。あとはすべて、今日の医療で「外科」にあたる。歯医者ともども、からだの外まわり一般を受けもっていた。医学史で外科学の祖とされるフランス人パレは、アマンやザックスとほぼ同時代の人だが、みずから理髪師兼外科医と称していた。それが正式の言い方であったからだ。

たしかに鋏《はさみ》やカミソリは、そのまま切開手術の道具になる。すぐそばに水や石けんがあるからには、髪にたずさわるかたわら、同じ指先で傷の手当てもできる。理髪師になるような人は、もともと指先が器用であって、手術や治療に向いている。

アマンの版画をよく見ると、天井に何やら、いくつかがつるしてある。何の用ともしれないが、一つはあきらかに包帯であって、巻きとり式になっている。べつの一つは、手術の際に患者をつったり固定したりするものではあるまいか。壁や棚にも、いろんな道具が見える。

そのほかは現在の理髪店とそっくりだ。重々しい椅子や、洗髪用の洗面台や、頭上の貯水器。洗うとき客がとる姿勢もまったく同じ。とすると理髪店は、このころすでに原形がほぼできあがっていて、その後五百年ちかく、多少は優雅になった以外、ほとんど変化がなかったことになる。ごまんとある職業のなかで、その点、いたって珍しい一つといえる。

赤白青のだんだら模様をごぞんじだろう。理髪店の標識であって、外科を兼ねていたころのなごり。赤が血液、白と青が動脈と静脈をあらわす。わが国にかぎらず、万国共通――そんなふうにおそわってきた。でも、ほんとうにそうだろうか？

旅行帰りの人に理髪店のことをたずねても答えがないのは、意識が求めないので、たとえ目の前にあっても気づかないせいであるが、もう一つ、おなじみの三色だんだらがないためでもある。通りに赤白青の標識がクルクル廻っていたりするのは、むしろわがニッポン国特有の町角風景らしいのだ。

べつに行く先々で理髪店探求をしたわけではないが、たとえ標識があっても赤白二色、おおかたは何もなくて、ガラスに鋏をデザインにした飾りがついているか、あるいは看板が下がっているだけ。理髪店は遠方からの客をあてにするものではなく、近所まわりの必要のある人に営業日であることがわかればいいわけだから、ことさらめだつ必要もない。

理髪師のための学校やコースがあって、そこを出て店を開く。それにしても職業名がFriseurとフランス語を転用しているのはどうしてだろう？ スイスではcoiffeurのほうが多いようだが、これだってフランス語だ。職業としてあったはずなのに外来語なのはなぜなのか。

椅子にすわり、髪をあたってもらっている間はヒマなので、あれこれよしないことを考える。のびていた髪が落ちていくぶん、頭が軽くなるようで、そのせいかいい考えが浮かんだり、霊感がひらめいたりする。だが首から白い布にくるまれているので、メモをとることができない。忘れないよう記憶を反芻するのだが、幸か不幸か、理髪店の椅子はすわりごこちがよくできていて眠くなる。ウトウトして、つぎに目覚めたとき、せっかくの霊感がきれいに消え失せている。

「えーと、何だったかナ？」

そうだ、なぜドイツ語では理髪店あるいは理髪師をいうのにフランス語を借りるのか？ もしかすると「髪を切る」以外のことは、ドイツ人にとって、お化粧に類したせいではあるまいか。コスメチックではフランスが先進国であって、化粧水や香水やクリームとのかかわりからフランス語があてられた。

お化粧を望まなければ、髪を切ってもらいさえすればいい。貧乏留学生のころ、私は理髪店では「ハール・シュナイデン（調髪）」の一語で通した。チョキチョキ切って、櫛でなでつけて、それでおしまい。安価にして迅速。洗髪、ヒゲ剃りは自分でやればいい。

ザックスの詩にある「並びなき器用人とはわしがこと」は、指先の器用さだけではないのだろう。オペラ「セビリアの理髪師」幕開けのアリアで高らかに歌われる。召使のフィガロときたら、何であれ器用にやってのける。いわば「何でも屋」。口達者で、へボ詩人で、理髪師になり代わりひげ剃りもする。恋歌の代作だって朝めし前。

フィガロの名前からもわかるとおり、「セビリアの理髪師」はモーツァルトのオペラで有名な「フィガロの結婚」の前幕にあたる。こちらでは立派な主役であって、主人すら手玉にとりかねない。

ザックスの八行詩は理髪店の営業リストだけでなく、その性格もそれとなく伝えている。やはり「何でも屋」であり、それは指先の仕事にとどまらない。客が退屈しているので、サービスのためにも口を使って楽しませる。先の客から聞いた話を次の客の耳元にささやくこともできる。居ながらにしてニュースが舞いこんでくるので、町一番の早耳だ。鋏とカミソリをもつ器用人は、巷のフィガロというものである。

理髪師が町きっての情報通とみなされたのは、十九世紀を通じて、多くが通いで仕事をしていたからであるだろう。当時の風俗写真を見るとわかるが、男たちは「カイゼル髭」とよばれた、おそろしく立派な八字ひげをはやしていた。毎日、小さな鋏で調整して、油でかためる。もっぱら理髪師の領分だった。

天下御免で他人の家へ入っていける。おのずと得意客と親しくなり、打ち明け話の聞き役になったり、微妙なもめごとの相談もされた。人の紹介、家屋の斡旋にも一役買った。まさしくフィガロの役まわり。

精神分析学のフロイト家に、永らく小間使いとして働いた人が思い出を語っているが、フロイト先生が朝起きてから仕事にかかるまでに一つの行事があった。

「玄関の鈴が鳴って、いつもの理髪師がやってきます」

写真でおなじみだが、フロイトは鼻の下に、ひときわ立派なひげをはやしていた。髪の手入れとひげの手当て。その間、両者のあいだにあれこれやりとりがあったようだ。小間使いは中身までは語っていない。フロイトは学者でありながら、おそろしく世情にくわしく、その知識を他人の内面を分析する手がかりにした。学問的方法の成果とともに、理髪師フィガロのおしゃべりが、少なからず役立っていたのではなかろうか。

マインツの理髪店

「床屋」

時計師

時は金ならず

時計屋のショーウインドウには時計が並んでいる。それは当たり前だが、ドイツの時計屋にはたいてい古時計が並んでいて、つい足がとまる。ヴィースバーデンでもそうだった。大小とりまぜて精巧な芸術品のように美しい。とびきりの年代物は、どういう仕掛けか銀色の鎖がゆっくりと巻きとられていく。

奥の仕事場に白髪の人がすわっていた。かがみこんで時計を修理している。頭上には何やら額がかかっていた。飾り文字で〝Meisterbrief（親方の免状）〟とあって、きれいな印章と、いくつものサインがついている。もっとよく見たいので店に入った。それが老時計職人ライナー・ボトケさんと知り合ったはじまりだった。

アマンとハンス・ザックスの本では、時計師がコンパス師や甲冑師のあいだにはさまっている。それだけ高度な技術が必要な職種とみなされていたからだろう。コンパスも甲冑も手職の世界から消え失せたが、時計師は今も街角に健在である。

炉に火が燃えていて、一人が金槌でたたいている。もう一人が組み立て中。

わしが作るは狂いのない
永持ちのする立派な時計

誇らかに仕事をうたっている。そのしめくくり。「きちんと1／4時をお知らせする」。1／4時。つまり15分ごとにチーンと鳴る。30分だとチーンチーンの二つ。45分だと三つ。ドイツ語の習いはじめ、「時刻の言い方」のところで面くらった人がいるのではあるまいか。15分きざみに定まった言い方がある。それはいいのだが、添える数がへんなぐあいだ。たとえば「半」はハルプ、2はツヴァイ。合わせてハルプ・ツヴァイといえば2時半――ではなく1時半。2時半には3のドライをあててハルプ・ドライと言わなくてはならない。3時に向かって時計が半分進んだということ。

15分や45分も同じで、7時15分は7ではなく8のアハトをあてる。8に向かって1／4進んだ時刻。

「朝食は？」

「ハルプ・アハトから」

つい8時半と思いそうになる。あわてて1時間を引いて、7時半だと自分に言いきかせる。どうしてこんな面倒な言い方をするのだろう？　時計師のボトケさんによると、まだからくり時計がなかったころ、教会や修道院で使われた言い方が、そのまま使われているせいだそうだ。教会には早朝ミサがある。修道士はおんどりの鳴き声で起きるといわれるが、おんどりがいつも鳴くとはかぎらない。水時計などを用いていた。当番が起こしにくる。

「4時に向かって半分のあたり」

そんなふうに指示されていたのだろう。歯車時計があらわれても同じ言い方が踏襲された。「時計がムチ打つ」という意味のラテン語の言い廻しがあるから、神に身をささげた者たちも早朝にとび起きるのは、ムチ打たれるように辛かったらしい。

ヘッセン州の州都ヴィースバーデンは落ち着いた、美しい町である。駅からまっすぐ緑の並木道がのびていて市中へと入っていく。おしりに「バーデン（入浴する）」とあるとおり、湯気の立つお湯がわいている。温泉町が州都というのも珍しい。

かつてのヘッセン大公の宮殿が州議会の議事堂になっている。まわりに旧市庁舎や教会が並んでいて、それぞれ時計がついている。教会の塔には四面にきちんと一つずつ。疑問がわいてくる。つい思ってしまうのだ。電気仕掛けの現在はともかく、昔はどうしていたのだろう？　当時の技術では、よく故障したはずで、止まったり、遅れたりしただろう。あちこちの時計が、てんで勝手な時を告げたりはしなかったか？

いや、その気づかいはない。ボトケさんは得意げに胸をそらした。

「時間の番人がいましたからネ」

宮廷には必ず時計師がいて「時計塔」に住んでいた。時計のついた塔のこと、時計師の住居兼工房で、「弓式施盤」とよばれた独特の機械をはじめ、工具、歯車、ぜんまい、テンプ、針など、必要なものがすべて揃っていた。弟子もいる。

時計師は代々、時計塔に住む特権をもっていた。そのかわり町中の時計を管理する義務があった。酒好きの職人が酔っぱらって、お役目をうっちゃらかしたばかりに、百たたきの刑をくらったことがある。

ドイツ人は〝オルドヌンク（秩序）〟が好きだ。日常によく使われる「アレス・イン・オルドヌンク（問題なし）」といった言い廻しにも「秩序」の一語が入っている。オルドヌンクの基本の一つは時間であって、そのせいか、どの町にも、いたるところに時計がある。

ネッカー河畔の古都やハルツ地方の木組みの家並みにも、どこかにきっと時計がひそんでいる。ボーデン湖の中世の塔のような灯台にも、一つ目の巨人のように時計がついている。ベルリンのヴィルヘルム皇帝記念教会は、第二次世界大戦の惨禍を伝えるため、半壊の塔が過去そのままに残されているが、下の大時計が刻々と現在の時を送ってくる。

だからといってドイツ人が、やたらに規律好きの、時間にうるさい人間かというと、そうではない。現に時計師のボトケさんはいつ訪ねても、のんびり客と話をしている。マイスターの称号は21歳のときに手にした。免状についている、いかめしいマークはヒルデスハイムの〝Handwerkskammer（手職会議所）〟の紋章だそうだ。全国に五カ所ほどあって、それが「親方の免状」を発行する。これ一つあれば、どこであれ店がひらける。

ホテル近くに教会があると、時鐘が聞こえるものだ。昼間は気づかないが、夜ふけだと、はっきり耳にとどく。15分ごとに一つ、二つ、三つと打って、1時間ごとに時の数を打つ。

夜中にふと目がさめて、三つ聞いたときは45分。しかし、何時45分かわからない。しばらくして、ジーとねじを巻くような音とともに、五つ鳴ると、先ほどの時刻が4時45分だったことがわかる。5時に向かって3／4進んでいたわけだ。

「問題は一つのときですね」

さて何時15分なのか、暗いなかでうとうとしながら待っている。

「アレレ、また一つだ」

時の数を聞きすごすと、ふり出しにもどる。

ボトケさんによると、そんなふうに時鐘を待ちながらうとうとしているのが、もっとも楽しいときだという。タイム・イズ・マネーはアメリカ流、時は金ならず、それが証拠にドイツ人は「アイネン・モメント・ビッテ！」とよくいうが、「ほんのつかのま」の意味のアイネン・モメントが、こともなげに5分、10分とのびていく。1／4刻みの時間が人間の尺度にぴったり合っている。

あるとき、ショーウインドウに、小さな、まん丸い時計があった。金属の台座が斜めになっていて、そこにスッポリ収まっている。時計小僧が丸い顔をのぞかせたぐあいだ。レンズをはめて調整してくれた。電池式で5年間は保障つき。裏にR・ボトケの時計工房と彫りこまれている。

東京の時間ではなく、「当地の時刻」と注文したので、旅から帰っても、書棚の隅でヨーロッパの時を告げている。目守りは15分きざみ。二つの時間をもっているのは、これはこれで、ちょっとしたゼイタクというものではなかろうか。

「時計師」

目玉を売ろう

眼鏡師

人間が発明した道具のなかで、眼鏡《めがね》はもっとも奇妙なものの一つだろう。鼻にレンズをのせている。すると見えないはずのものが見えてくる。

いつ、どこで、誰が発明したのか、よくわからない。たぶん、ガラス玉をいじくっていて、気がついたのだろう。それを目にあてると、世界がうんとちがって見える。

それにしても誰が鼻にのせることを思いついたのか。

この点はともかく、ドイツでは中世の終わりごろ、すでに眼鏡屋ができていた。アマンの版画にあるとおり、店がまえはほぼ現代と変わらない。眼鏡をあつらえるとき、視力とレンズの調整にヘンテコな器具を鼻にのっけられるものだが、はやくもそれが登場している。

「では、こちらをためしてみましょう」

客と主人のやりとりまで聞こえるようだ。

みごとな眼鏡はわしが腕前
40代から80代まで
それぞれの齢に合わせて
見る目はおまかせあれ

ハンス・ザックスの詩からわかるが、眼鏡というと老眼鏡のことだった。たしかに40をこえると、視力がめだって衰える。絵では右はしの箱に入っているようだが、眼鏡の「わく」もいろいろと取り揃えていた。

革製、角わく、お好みしだい
はっきり見えるそのわけは
レンズ磨きのワザの力
眼鏡のいる方、さあござれ

革をあしらったり、形に工夫がされていて、オシャレな用途もあったらしい。これもまた今と同じである。

とはいえ、誰もが用いるといったことはなかっただろう。ごく一部の人、修道士とか書記官とか学者とか、文書や書物と縁の深い人々にかぎられていたのではあるまいか。アマンの版画でも、長いひげをはやした、みるからに学者然とした人が店先で眼鏡をためしている。

ドイツ・ロマン派の作家E・T・A・ホフマンに「砂男」という小説がある。1815年の作。そのなかにコッポラという眼鏡売りが出てくる。

「目玉を売ろう。きれいな目玉を買わないか」

そういって大学生ナタナエルの部屋に入りこみ、だぶだぶの上衣のポケットから、柄つき眼鏡や丸型眼鏡をつぎつぎと取り出してきた。

「数知れぬ目玉がキラキラ光り、おりおり目ばたきしながら、こちらをじっと凝視している」

幻想小説の一つであって、コッポラから不思議のレンズをゆずり受けたばかりに、われ知らず大学生は日常からはみ出して、夢の世界に入っていく。

ホフマンは眼鏡売りコッポラの名前を、「眼窩《がんか》」を意味するラテン語「コッパ」からつくったようだ。小説ではもう一人コッペリウスという謎の人物も出てくる。同じコッパを変化させてできた。小説全体が「眼球物語」という性格をもっており、もしかするとホフマンは眼鏡という道具を、通常なら見えないものを見させる危険な誘惑物のように考えていたのかもしれない。

ホフマンより半世紀ばかりあとの人で、ヴィルヘルム・ブッシュという漫画家がいて、『マックスとモリッツ』というういたずら小僧のシリーズが大人気を博した。少年コンビのやらかすいたずらの一つに、レンペル先生といって村の学校の教師が出てくる。いつも眼鏡をかけている人物だ。

教室でお説教をして、わが家にもどると安楽椅子に腰かけてパイプをふかす。いたずら坊主が留守中にこっそりパイプに火薬をつめておいた。ガウンに着替えたレンペル先生が、火をつけたとたんにズドンと爆発して、顔はススまみれ。眼鏡はひきゆがんで床にころがっている。同じブッシュに「眼鏡」と出した24コマの漫画がある。登場人物は肥った夫と痩せた妻で、夫は眼鏡をかけている。ころはお昼どき。スープが運ばれてきて皿につがれた。

眼鏡のせいで、はっきり見えた
髪の毛一本、スープに浮いている

夫がとがめ立てをしたばかりに夫婦喧嘩《けんか》がはじまって、はてはハデな取っ組み合い。おかみさんの反撃にあって、夫の顔から眼鏡がふっとんだ。

十九世紀を通じて、眼鏡がどんなふうに見られていたか、おおよそうかがえるのではあるまいか。人工の目玉は、災いのもとであって、一方では幻想の世界へ誘いこみ、他方では取っ組み合いの夫婦喧嘩を引き起こしかねない。

いつも眼鏡をかけている村の教師は、少しお高くとまった気取り屋として描かれている。腕白坊主にいたずらをしかけられるのに打ってつけ、笑いの対象というものだ。眼鏡が取り澄ましのシンボルのようなのは、世の人々が眼鏡人間を多少とも、そんな目で見ていたせいではなかろうか。

「ツァイスのレンズ」は世界中で知られている。カール・ツァイスがテューリンゲンの小都市イェーナでレンズ工房をひらいたのは、1846年のこと。このときツァイス、30歳。すぐさまレンズ磨きの名人芸が注目をあびた。

1867年にエルンスト・アッベが加わった。物理学と天文学を学び、進歩的な社会観の持主だった。工房を大きくして工場生産にのり出すとともに、多くの優れたレンズ技術者を養成したのはこの人である。1884年、新しい経営哲学をもった青年オトー・ショットが入ってきた。以来、正式の会社名は〝イェーナ硝子＝ショット・ウント・ゲノッセン〟といった。ここからとびきりのドイツ製レンズが世界市場に送り出された。

ゲノッセンは辞書にあるとおり「仲間、同志、組合員」である。資本家と労働者ではなく、働く者が経営に参加して、ともにひとしい権利をもった。世界でもっとも早く有給休暇や8時間労働を実現したのは、このイェーナ硝子である。ツァイスの工場はその製品とともに、それをつくり出した者たちの考え方が、澄んだガラスのように輝いていた。

優れたレンズの生産とともに、眼鏡が生活のなかに定着した。もはや悪の誘惑者でも、笑いの対象でもない。視力の弱者を助ける力づよい介添役だ。二十世紀に入って以後の記念写真には、眼鏡姿がそのままカメラに収まっている。とりたてて異常の品物ではなくなっていたからだろう。

となると変わりダネもあらわれる。ドイツ語ではモノケル（das Monokel）という片眼鏡である。単眼鏡が鼻の上にのっかる。世紀末ダンディの愛用の品だったようだが、私は幼いころにアルセーヌ・ルパンで知った。怪盗ルパンはいつも紐つきの片眼鏡をもっていた。少年向きのルパン本には挿絵がついていて、フロックに山高帽の紳士が片眼鏡を手にニヤリと笑っていた。ダンディの変わりダネの怪紳士である。社会悪と戦うようにみせかけながら、適当に妥協して、いともあざやかに大金持に成り上がった。そんな人物には片眼鏡がよく似合う。

ついでながら、日本語の「瞳」は、目偏に「童」と書く。民俗学の南方熊楠《みなかたくまぐす》によると、これは相手の目玉に映った自分、「童」のような小さな像をなぞっているという。

ドイツ語では瞳は「プピレ（die Pupile）」ラテン語で「人形」をあらわすプーパからつくられた。相手のなかに映っている小さな人形。東西をへだてて瞳の見方が、二つのレンズのようにぴったりと合っている。

漫画『眼鏡』より。「悪いのはこれね」

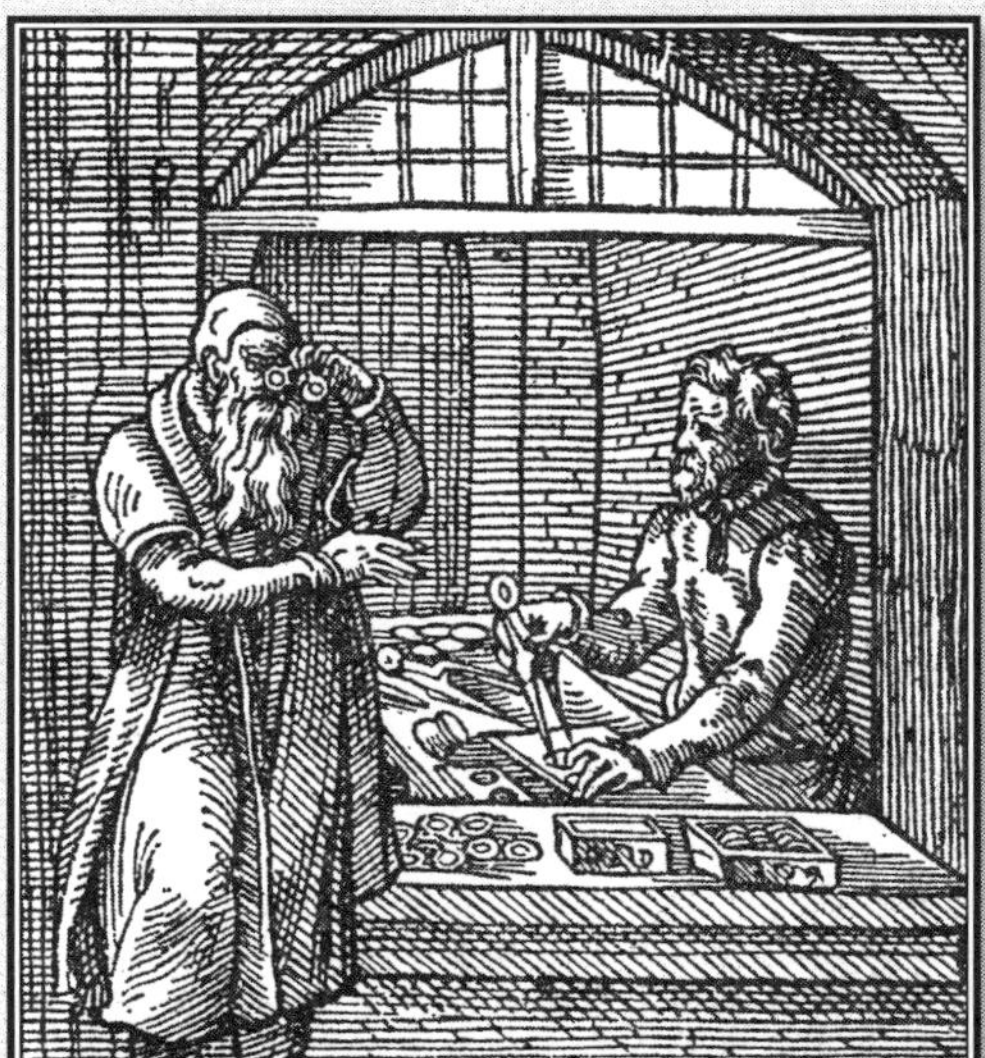

「眼鏡屋」

もっとおシャレに
高級小間物商

小間物に「高級」がつく。今にいうブティックの店。こんな場合、なぜか好んでフランス語が使われる。それも元の意味とは少しズレた使い方で、高級小間物には Galanterie-waren があてられた。ギャラントな品、シャレた商品。

小間物屋自体はいたって古い商売である。アマンの本では30番目、袋物屋や皮細工師やひも屋と並んで入っている。添えられたハンス・ザックスの詩の出だし。

わたしはおなじみの小間物屋
何でもそっくり揃えてござる

首からつるした籠に、こまごましたものを積み上げ、おすすめ品を右手に高く掲げている。

砂糖、駄菓子、薬、鏡、くし、おもちゃ、リボン……順に商品を数えあげ、「天にまします神さま」のご意向をかなえているのだといばっている。

実際、絵にあるとおり、荷をかかえて売り歩いた。村から村へ廻っていく。口上を述べるせいか口が達者で、世渡り上手、それに情報通ときている。腰の軽いタイプとして人気がある一方で、人と人とのあいだを取りもって、ちょっとした謀みに加担したりする。中世の喜劇に欠かせない人物だった。

ある程度の町になると、行商ではなくて店を構えている。小間物だけではなく食べ物も商っており、「雑貨屋」などとよばれた。

トロヤの発掘で知られるハインリヒ・シュリーマンは少年のころ、そんな店で働いていた。自伝『古代への情熱』にくわしく述べているが、14歳のとき北ドイツの小都市フェステンベルクの雑貨屋に奉公に出た。店は珈琲、砂糖、オリーブ油、ろうそく、塩などを扱っていた。掃除、使い走り、店番、あいまに醸造用のじゃがいもをつぶす仕事など、朝5時から夜11時まで働きづめ、勉強する時間など、まるきりない。

「……しかし、学問への愛着だけはなくさなかった――断じてなくしたりしなかった」

もしなくしていたら、古代文明の偉大な発掘者ではなく、小さな町の小間物屋の主人に収まっていたのではあるまいか。

ハインリヒ少年がこまネズミのように働いていたのは、1830年代のこと。そのころ「高級」のつく小間物屋は、大きな町にもなかっただろう。そもそもドイツには、まだ大都市というべきものが存在しなかった。このあと産業革命の進展とともに、人々が都市部へ流入してくる。貴族層に代わり、ブルジョワが力を得てきた。世襲ではなく、才覚と勤勉で財をなした階層が社会の主役になっていく。高級小間物屋は、そんな社会変動のなかから生まれた。

「ミュンヘンは輝いていた」

トーマス・マンの初期短編の一つ『神の剣』はこんな晴れやかな一行ではじまっている。デビューしたての若い作家には、二十世紀初頭のバイエルンの首都が眩しいばかりに活気づいていた。美しい広場、白い列柱、公園の小鳥のさえずり、華やかな馬車の列。劇場から流れてくるピアノの音……。

通りを市民たちがそぞろ歩いている。紳士たちの流行の帽子、襟飾り、ステッキ。娘たちの髪をとめたリボン、日よけ傘。ショーウインドウを飾る胸像や名画の複製。

「美術館や高級小間物店をひやかすのは、とりわけ楽しいことだ」

若いトーマス・マンも、毎日のようにひやかして歩いたようだ。どの点が楽しいのか、ことこまかに分析している。珍しい品物を手に入れること以上に、ウィンドウショッピングの楽しみ。眺めながら、あれこれ空想する。それというのも高級小間物には「さまざまな線の諧謔《かいぎゃく》」

があるからだ。形、色、つくりに工夫され、それが想像力を刺激してくる――。

こまやかなレースやフリルのついた女性下着、薄い紗の肩掛け、しなやかなカシミア・ショール、モロッコ革の靴、爪磨きブラシ、宝石をはめこんだカフス・ボタン、黒檀《こくたん》のステッキ、なかには握りがねじ式になっていて、その中に喫煙用の小物を入れるのもあった。高級小間物屋は二十世紀の幕開けとともにあらわれ、第一次世界大戦前のひととき、のちに「古き良き時代」とよばれた時期に、もっとも「輝いていた」商売だった。

その少し前にあたる。1874年、ヘルマン・カフカといって、そのとき22歳の青年がプラハ市中で小間物屋を開業した。はじめは行商で、荷をかついで売り歩く。中世以来、おなじみのスタイルである。

行商のモットーは現金売買であって、掛け売り、貸売りはしない。うっかり先に品物を渡すと踏み倒される。しがない商いにあっては、決して客を信用しないこと。

幸いにもヘルマン青年には丈夫な体と、よく廻る舌があった。問屋から雑多な品々を仕入れて売り歩いた。村から村ではなく、都市の辻々をめぐり、少しずつ得意先をつくっていった。

駆け出しのころは、まず仕入れで苦労があった。元請けはこの業界のベテランであって、相手が若造となると、ワリのいい商品はまわさない。どうかすると、ろくでもないガラクタを押しつけてくる。

客筋の選別にも用心した。当時のプラハはハプスブルク支配下のボヘミア王国の首都であって、ドイツ・オーストリア人とチェコ人とが共存していた。チェコ人界隈に入りびたっていると、金のあるドイツ人に嫌われるし、ドイツ人客ばかりひいきにすると、チェコ人がそっぽを向く。数ではチェコ人が多いが、年収の点ではドイツ・オーストリア階層にかなわない。

小間物商人ヘルマン・カフカは、8年あまり行商して、そののち店を持った。このたびは小間物屋ではなく「高級」がつく。高級小間物屋「カフカ商会」を旗揚げした。姓のカフカはチェコ語でカラスの一種「コガラス」を意味している。そこで念願かなって自前の店をもったのちに、カフカ商会の商標をつくったが、そこには黒いカラスが小枝にとまっている。

店を開くにあたり、小間物から高級小間物に転じたのは、時代を正確に見ていたからだろう。プラハの人口が急激にふえ、近代都市にころもがえをしていたころである。新しくのしてきた人たちは、侯爵や伯爵といった肩書きはないかわりに、銀行小切手はふんだんにそなえている。流行に敏感でセンスがいい。旧来の品ではなく、もっとモダンで、シャレていて、人を驚かすものが欲しい。

商人ヘルマン・カフカはみごとに要求に応えたようだ。10年ばかりは市中を転々としたが、やがて一等地にカフカ商会の看板を出すまでになった。プラハ旅行をした人は、さぞかし旧市庁舎前の広場の有名なからくり時計をごらんになっただろう。時間がくると雄大な天文時計の下から聖人たちがしずしずとあらわれる。

同じ広場の向かいにあたる旧宮殿の建物、そこにカフカ商会が入っていた。元請けと小売を兼ねており、商売用の封筒には、「卸し」をあらわす〝engros〟が刷りこんであった。『変身』の作者フランツ・カフカの父親である。ヘルマン・カフカは息子に店を継がせるつもりで、そのためにも懸命に働いたのだが、肝心の息子は、あまり関心を示さない。やがて父と子が衝突するまでになったが、それでも学生のころ、息子フランツはおりおり店の手伝いをした。両親の留守をあずかって店番をする。倉庫の商品点検に動員されたと、手紙で友人にボヤいたりした。

写真にみるカフカは、なかなかシャレものである。流行の帽子をかぶったり、イキな小マントを肩にかけている。息子おもいの母親が、売れのこりか商品見本かを、そっとわが子にまわしたのかもしれない。

カフカ商会の商標

「小間物屋」

千里を行く

靴匠

わが家にもどると、まず靴を脱ぐ。靴下ともおさらばだ。

「やれやれ、疲れた」

素足をいたわるように、つま先を二、三度、折りまげてみたりする。

ホテルでは、すぐにスリッパにはきかえる。列車でも席を確保すると、靴を脱ぎたがる。日本人の習性である。

ドイツにかぎらず、ヨーロッパではそうはいかない。わが家にもどったお父さんは、まず奥さんの頬《ほ》っぺたに軽く口をくっつける。子どもが駆け寄ると、抱き上げてキスをする。靴の底を拭ってても靴は脱がない。そのままソファーにすわり、靴のまま食卓につく。風呂なり、休む前にやっと靴とおさらば。

「やれやれ、疲れた」

そんなところは同じだが、手順がずいぶんちがう。そのせいかホテルにスリッパが備えてあることはなく、列車で、すぐ靴を脱ぐと、不審の目で見られる。

風習のちがいである。建物や暮らし方、また湿度など気候のちがい。とともに足の見方のちがいが、あずかっているのではなかろうか。

「フィート」の一語が示すように足をあらわす語が、同時に長さの尺度だった。ドイツ語の場合も同じ。

おのずと足が自己証明のしるしだった。グリム童話の「灰かぶり姫」を思い出していただこう。灰かぶりは小鳥から、さきに「絹糸と銀糸でつくった靴」をもらった。つぎには「黄金の靴」。王子と踊りあかしたあと、城の階段にその片方を落としてきた。あくる日、王子がやってきた。

「わたしの妃となる人は、この黄金の靴が、ぴったり足に合うはずだ」

姉娘は、つま先がつかえた。妹娘は、かかとがつかえる。むりやり、つま先やかかとを切り落とし、足をおしこんだが、すぐにウソが露見する。灰かぶりがぶかっこうな木靴を脱いで、黄金の靴をはいたところ、はかったようにぴったり合った。

「この人が花嫁だ」

うれしそうに王子がさけんだ。

靴が自己証明のシンボルという考え方があったからこそ、はじめて成立した物語といえるのだ。

「白雪姫」の継母は、妬みのあげくの悪行の報いとして、「まっ赤に焼けた鉄の靴」をはかされ、ピョンピョン跳ねつづけなくてはならなかった。そんな靴を通して、自業自得を絵解きしたぐあいである。

長靴、短靴、なんでもござれ
ピッタリ合わせて進ぜよう

きちんと足を計り、まさにその足どおりにこしらえた。出来合いの見つくろいではないのである。

絵では前掛け姿の職人が丸椅子《いす》に腰をのせ、仕事台にむかっている。これも詩からわかるが、靴以外にも、銃や弓を入れる袋とか、防火用の水袋や、旅に持ち歩く革製の箱なども引き受けた。靴にもいろいろと種類がある。

ひだつきの乗馬靴、騎士の靴

布製のおシャレ靴、水はじき靴
飾り短靴、ご婦人用宮中靴
お望みしだいだ、さあござれ

狩猟や乗馬、それに旅行用は膝《ひざ》まであるブーツで、脱ぐのが大変だ。たいてい下男が手伝った。そんなところから「ブーツジャック」と呼ばれる長靴用の靴ぬぎ器が考案された。

南ドイツ・ラインラント＝プファルツ州、フランスの国境に近い町ピルマーゼンスは「靴の町」として知られている。ドイツの靴職人はここで修業して、マイスターの免状をとる。靴底に縫いつける縫い方ひとつにも、いくつものスタイルがあって、考案者の名にちなんで名づけられている。足型の取り方、足に特有のふくらみ、あるいはへこみの対処の仕方がむずかしい。どうしてフランスとの国境近くに靴産業が生まれたのか。靴の本場がイタリアやホンコンに移る前、流行はパリがはじまり。その点、フランス国境は便利だったのか。あるいはピルマーゼンスは南ドイツの黒い森にあり、木が豊富で木製の木型に好都合だったせいなのか。それとも領主が靴産業を奨励したのだろうか。

町には靴博物館があって、代々にわたり流行した靴が展示されている。その一つは「クチバシ靴」とよばれ、つま先が鳥のクチバシのようにのびている。先っぽだけで14センチ、つま先から、かかとまで37センチ。

くるぶしがむき出しで、つま先だけでひっかけたのが角靴。婦人靴となると、ハイヒール、ローヒールとりまぜ、靴のモードもめまぐるしく変化した。

フーゴ・バルといって、この町に生まれ、1920年代に活躍した詩人がいる。市民モラルをからかったダダの詩で有名だ。そんな反市民派には、鋏と縫い針の職人の町が、あまり肌に合わなかったらしい。

当地に生まれた不幸を
やりすごす唯一の道
いつも森に逃げ込んだ

たまたま私はウィーン市中の優雅な靴屋を知っている。商標には高らかに1885年の創業がうたってある。

あるとき、足の寸法を取るあいだ、フーゴ・バルの「靴屋の町の歌」を話したところ、白髪頭の主人がお返しにおしえてくれた。

靴屋に金持はいない
稼いでも飲んじまう

靴づくりは根気のいる、しんき臭い仕事であって、仕事のあとはアルコールでうさを晴らさずにいられない。そのため靴職人には大酒飲みが多くて、ときには「飲ん兵衛」と同義語だったそうだ。

ドイツ・ロマン派の作家シャミッソーに「影をなくした男」というメルヒェンがある。悪魔と契約して、手を入れると金貨が出てくる不思議の金袋と引き換えに、影を売ってしまった男の物語。富は得たが影がないばかりに、さんざんな目にあい、世を捨てて一人旅に出る。その途中、ある町の市で一足の古靴を買った。

それをはいて、もの思いにふけりながら歩いていると、いつのまにか荒涼とした樅《もみ》の原生林に入っていた。そこをすぎると白い雪原にさしかかり、辺り一面が氷の世界だ。さらに行くと、はやくもムッとするほど暑くなり、美しい稲田と桑畑がひろがっている。

「まちがいなし。ひと足歩けば千里を行くという魔法の靴をはいていた」

わが国でいう七里靴。いろんな国に似たような話があるのは、たたくだけで金の出る「打出の小槌」と同じく、人類の夢であるからだろう。一歩ごとに沈み行く太陽を追っかけたり、海峡や大陸を縦横に横切り、北極の氷河もアフリカ大陸も意のままだ。

ちなみに現在では、ジェット機がすでに夢の靴を実現している。飛行中にトイレに行くとき、地上の尺度では、一歩で千里を進んでいる。

そのせいか航空会社の支給品は、なぜか捨てきれない。後生大事に持ち帰り、そのうち機内の千里靴がただの安手のスリッパだと気がついて、そっと処分をする。

ウィーンの高級靴店（ルートヴィヒ・ライター）

「靴屋」

粉ひき

パンのもと

〝ミュラー〟はドイツに多い姓の一つである。意味よりすると、「水車（風車）小屋の持ち主」、あるいは「粉屋」「製粉業者」。バウアー（農夫）やシュナイダー（仕立て屋）と同じように、職業が姓になったケースであって、一つの町にはきっと一人のミュラーさんがいた。いなくてはならない。小麦を粉にしなくては、パンが焼けない。

製粉のための動力は、長いあいだ川だった。水の流れを利用する。ときには人工的に落下させて水車を動かす。

いまでもドイツの町や村を丹念に見ていくと、水車小屋に出くわす。川沿いに歩くといい。注意しないと目にとまらないだろう。たいてい町外れにあって古木がまわりを覆っていたりするからだ。それに水車小屋といっても石造りの大きな建物であって、「小屋」のイメージとは大ちがいだ。

水車小屋には製粉のための穀物が運ばれてくる。それを安全に保管していなくてはならない。ねずみの害からも守らなくてはならない。水車のあるところは倉庫も兼ねており、おのずと館のように立派な建物の持ち主は、その川の水利権を所有している。権利として代々、受け継いできた。つまりは町の有力者であって、水車小屋のほかにも地所や果樹園を持ち、屋敷をかまえ、そこにはきっと召使いや下男がいる。水車小屋の娘は、その町きっての令嬢であって、お嬢さまだ。

シューベルトの歌曲では、旅する若者が水車小屋の娘に恋をする。恋というより、ほのかな憧れ、思慕に似た想いであって、それを胸に抱いたまま立ち去っていく。立ち去ったほうがいいのである。へんな風来坊が町の有力者の令嬢につきまとったりすると、召使いたちに袋叩きにされかねない。

幼いころ、『フランダースの犬』を読んだ人は覚えているのではあるまいか。貧しい少年ネロと忠実な犬パトラーシュの物語だが、背後に水車小屋の娘がいた。

舞台はベルギーのアントワープから5キロばかり離れたフランダース地方の村。水車ではなく風車が使われていたようだが、村一番の金持である粉屋のひとり娘がアロア、黒い目をした女の子で、青いサージの服を着て、あま色の捲き毛の上に手あみのレースの帽子をかぶっている。

貧しい少年ネロには憧れの少女だった。ほんの少し、アロアと親しみができたとたんに、アロアの父親から出入りを差しとめられた。そのとき貧しい少年は、悲しそうなほほえみを浮かべただけだった。

秋の夜のこと、アロアの誕生祝いの夕、屋敷の窓という窓にあかあかと明かりがともり、フルートの音色が聞こえたというが、物語はヨーロッパにおける水（風）車小屋の持ち主のイメージを正確に映している。

古い銅版画では穀物を運んできた農夫とロバがいて、粉ひきが袋をかつぎ上げている。小麦、大麦、ライ麦を臼でひく。石臼の口に穀物を落としこんでいるのは水車小屋に傭われている者だろう。力持ちで腕に覚えのある男。大切な預り物を守る倉庫番でもある。

ものの みごとに 粉にして
ふすまも 必ず 添えておく

「ふすま」は粉にするときに出てくるクズであって、家畜の餌になるし、肥料にもなる。クズといえども有用の品であれば、粉とともに依頼主にもどさなくてはならない。

さらにべつの意味があった。しばしば渡しただけの穀物が製粉されていないとクレームがついた。穀物はツブのときにはかさばるが、粉にすると、ほんのちょっぴりになる。一つにはそのせいだが、実際に粉ひきが手間賃稼ぎに中身を抜き取るなどのこともあった。そのせいかアマンの銅版画では、依頼主の男はロバのかたわらに立ち、石臼の上の粉ひきを監視するように見つめている。

「ふすま」は穀物の量とほぼ比例して出てくる。仕上がりの粉といっしょに、そこから出たクズを見せれば、中身抜き取りを疑われなくてすむ。粉ひきには大切な証拠物件であって、だからこそ「必ず添えておく」のを習わしとした。

粉ひき業はパンの種を握っている。町の人々の胃袋をおさえているわけだ。地主と製粉業者とは、当然のことながら強いつながりがある。関連した職種が同じ一族で占められていると、どうなるか。

不作の年にはパンが一挙に消え失せたり、法外に値上がりしたりする。文豪ゲーテは、本業はワイマール公国の行政官であって、水利権の更新や商売開業許可願などの審査をした。登録料の改定などにもたずさわった。

ゲーテが20代はじめのころだが、天候不順のためドイツ全土が凶作にみまわれた。これに乗じて粉屋や水車小屋による穀物の買占めと隠匿が横行し、多くの人々が飢えに苦しんだ。

　このことをゲーテはよく覚えていて、行政にたずさわるやいなや、小麦からジャガイモへの転作を奨励した。奨励金までつけたのだが、ジャガイモは普及しなかった。保存の点で問題があったせいもあるが、それ以上に公国の町や村の水車小屋の持ち主たちが反対したからだ。ジャガイモ畑がひろがれば、それだけ製粉の客がへる。それぞれの土地の顔役に反対されて、やむなくゲーテ顧問官は、「ジャガイモ転作奨励金の件」を評議会の案件から取り下げなくてはならなくなった。

　一つの興味深い記録がある。フランツ・シュミット『ある首斬り役人の日記』（藤代幸一訳・白水社）といって、十六世紀後半から十七世紀にかけて、ニュルンベルクの町で刑吏をしていた人が書き残したもの。フランツ親方は職務に熱心なうえに、いたって筆まめだった。死罪を申し渡された人間がどのような犯罪をやらかしたのか、一件ごとに克明に書きとめた。それを読んでいると気がつく。


「夜陰に乗じて水車小屋を襲い……」

「フックス水車小屋という山上の水車小屋で、夜仲間とともに押し入り……」

「ヴュルツブルク近郊の水車小屋で……」

「ベルン谷の水車小屋に、つまり粉屋方の押し込みに加わり……」

おりにつけ水車小屋が犯罪の舞台になった。下男を殺したり、妻や下女たちに手ひどいことをした。町外れにあって襲いやすかったからだろうが、とともに、何かにつけて恨みを買っていたためらしい。気にくわない者には、わざと順番をあとにしたり、相手しだいで先に廻すなどのこともあった。袖の下が届けられると、床下に隠しておく。

「その晩遅くゴーシュは何か巨《おお》きな黒いものをしょってじぶんの家に帰ってきました。家といってもそれは町外れの川ばたにあるこわれた水車小屋で……」

宮沢賢治は「セロ弾きのゴーシュ」を書いたとき、わが国におなじみの粗末な木造の水車小屋がイメージにあったのだろう。主人公の貧しいセロ弾きには丁度いい住まいである。まわりの畑で野菜やトマトがとれる。「虎みたいな勢い」で、ごうごうとセロを弾いても、どこからも苦情の出る気づかいがない。

農業指導者の宮沢賢治は、水車小屋というものをよく知っていた。物語では、毎晩、猫やかっこうや狸の子や野ねずみがやってきたが、水車小屋は穀物のおこぼれにあずかれる。小動物が入れかわり立ちかわりやってくるところなのだ。野ねずみは片手で目をこすりながら言ったものだ。

「ここらのものは病気になるとみんな先生のおうちの床下にはいって療《なお》すのでございます」

ドイツでも床下に隠匿物があって、しきりにそれが狙われた。

ライン河畔の町ジンゲンのパン屋
〈壁の文字〉

Liebe das Brot	パンを愛せよ
den Hort des Hauses	おうちの宝
achte das Brot	パンを敬え
den Lohn der Arbeit	仕事のごほうび

「粉ひき」

第2章

神様の贈り物

善人の飲み物 ビールづくり

最初の飲み物は、やはりビールといきたい。世界に知られたドイツ・ビールである。私の友人は本場のドイツでドイツ・ビールを飲みたい一心からドイツ語を学んだ。そのせいか、ふだんはまるでダメなのに、ビールが入ると、なぜか流暢にドイツ語が出てくる。

それはともかく、ドイツのビールというと、なぜか南ドイツ、それもミュンヘンを思い出す。ミュンヘンとビールが、どうしてこう緊密に結びついているのだろう？　飲み物類には瓶に商標のレッテルがついているが、ビールにかぎり、王冠や獅子や鷲をあしらって、なぜやたらものものしいのだろう？　またドイツへ行くと、町ごと村ごとにちがったビールがおめみえする。「地ビール」にあたるのだろうが、わが国の場合とはちがうようだ。どの点で、どのようにちがうのか？

順にあたっていくとしよう。ドイツにおけるビールづくりのはじまりはいつか、正確なところはわからないが、中世のころ、すでにつくられていたことはたしかである。当時の木版画には、僧侶の服を着た人が醸造用の釜をかきまわしている。ビールが主として修道院でつくられていたせいだろう。十二世紀の半ば、バイエルンの由緒ある修道院に、最初のビール醸造販売権が与えられた。

その前後から、あちこちの町や村でビールづくりが誕生した。当初、ビールの生産は、ドイツの中部から北で盛んで、エアフルトやブラウンシュヴァイクが産地として知られていた。やがてバイエルン・ビールがのしてくる。バイエルン王国にはビールに混ぜ物を禁じる法律があって、それが幸いした。味のよさによって、しだいによそを圧倒する。舌は頭とちがい、即座に識別して、ごまかしがきかない。

広いバイエルンのなかでもミュンヘンがビールの本場になったのは、オクトーバー・フェスト（十月祭）のせいではあるまいか。1810年、ルートヴィヒ一世の成婚を祝ってはじまったのがきっかけだが、その後はどちらかというと、ビールをどっさり飲ませるためにつづけられているぐあいである。

はじめは市民のお祭りだったのだが、年々歳々にぎやかになり、いまやヨーロッパで知られた催しの一つになった。ビール用の特設会場が設けられて、会期は2週間。十月祭りとはいえ9月後半にはじまり、10月の第一日曜日に終わる。ボッテリした体型の、みるからに飲み助らしいのが、お腹の形とそっくりのジョッキを握りしめている。近年は会期中に500万リットルからが消費され、ミュンヘン市の財政をうるおしている。

そもそもの生みの親ルートヴィヒ一世は、のちに王国の財政の立て直しを考えて、酒税の引き上げをはかったが、市民の猛烈な反対にあい、とどのつまりは退位に追い込まれた。ビールは王権よりも強かったわけだ。

ついでながら、そのあとを継いだのが有名なルートヴィヒ二世である。こちらはノイシュヴァンシュタイン城をはじめ、むやみに城をつくり、あっさりと財政を破綻させた。

1923年、ヒトラーがミュンヘンで最初の騒動を起こした。「ミュンヘン一揆」、別名「ビアホール一揆」ともいわれる。バイエルンの高官たちがビアホールに集まったのを利用して、武力監禁を企てた。

権力を手にしたのちも、ヒトラーはしばしばビアホールを演説会場にした。そのヒトラー時代の1939年に新しく「ビール酒税法」が公布され、ビールの主成分が定まった。アウトバーンとともに、ヒトラーの二大遺産といわれている。高速道路とビールという折り合いのつかない二つを残したところが、あの矛盾だらけの独裁者らしいのだ。

ミュンヘンとビールとのむすびつきは、これでほぼおわかりだろう。どの一つがどうというのではなく、いろんなかかわりがビール都市ミュンヘンのイメージを定めていった。

いかめしいレッテルについても、以上の経過でほぼ推察がつくのではあるまいか。ビールの酒税は国にとって、もっとも確実な収入であって、どんどんつくり、どんどん売ってもらいたい。そこで宮廷御用の醸造所にしたり、王冠や紋章の使用権利を与え、引き代えにごっそり酒税を巻き上げた。ビールと国家財政に関しては現代も、そのままそっくり同じシステムが維持されている。

ミュンヘン・ビールの代表格「ホーフブロイ」は「宮廷醸造」、「レーヴェンブロイ」は「獅子醸造」。王冠や紋章をデザインして、おごそかなのができた。そんな伝統が王家と何のかかわりもないわが国のビール会社にも引きつがれ、世におなじみの派手やかなレッテルになった。

しかしながら、わが国のように、いくつかの代表的なビール・メーカーのビールが、全国のすみずみまでいきわたっているのは、実はヘンテコなことなのだ。おいしいビールの条件としては、ドイツには「荷車の廻れる範囲」といった言い方がある。ビール樽を荷車で届けられるほどのエリアが、ビールには丁度いい。

ホーフブロイやレーヴェンブロイ、さらにハッカー、サルバトールといったところが代表的なドイツ・ビールだが、それにしても流通が限られている。ドイツの町や村ごとに、きっと村の名にちなんだり、聖人名をいただくビールが待《はべ》っている。それがビールの自然なあり方なのだ。モルトを主成分としたまろやかな味を武器にして、ボヘミア産のピルゼン・ビールと覇を競ってきた。

ついでにいうと、わが国ではしばしば、ビールを注ぐときの不可解な光景と出くわすものだ。わざわざ相手にコップを傾けさせて、そろそろと注いでいく。泡が立つと、「おや、失礼」などと謝ったりする。まちがった注ぎ方であり、まちがった飲み方である。

ビールは泡が旨い。ふんわり盛り上がった白い泡が、美しいビールの〝花〟をつくり出す。ドイツのレストランで給仕の手つきを見ておこう。瓶をグイと持ち上げ、一定の角度で注ぎながら、みごとな泡をつくっていく。泡の立ちぐあいによって中断し、一息の間をおいて注ぎたしていく。

生ビールの場合、ジョッキにどれほど〝花〟を咲かせられるかによって、給仕の腕と経験がわかるものだ。泡で中身をごまかしているなどとカンぐる必要はない。リチギ者のドイツ人は容器に横線を入れて定量を明記している。そこまでは必ず黄金色に満たしてくれる。あとの泡づくりが腕の見せどころというものだ。

「酒神バッカスがひとりぼっちのことはない」

そんなドイツのことわざがある。酒神づれだと、きっと仲間ができる。酒が入ると恋におちやすく、また議論が盛り上がる。自分で思いもしなかった名言を口にしたりする。

腹に一物ある人、思惑がらみの人、何やら謀みを企てている人は、ウィスキーなどチビチビやりながら胸算用をしているのではあるまいか。

「ヒャー、うめェなァー」

ビール党はゴクリとひと飲みして、手の甲で口もとの泡を拭い、つい嘆声をもらすものだ。

それからもわかるが、ビール党は善人であり、ビールは善人の飲み物である。

ミュンヘンのビアホール、ホーフブロイハウス

「ビールつくり」

神様の贈り物

ワインづくり

船でライン下りをした人は覚えているだろう。古城があらわれては消える辺りにはブドウ畑もひろがっている。「耕して天に至る」といった言い方があるが、まさしく見上げるかなたまで一面のブドウ畑だ。世にいう「ラインガウ」。ブドウ酒の大生産地である。

ほかにもモーゼルやフランケンなどブドウ酒で知られた地方は、ほぼ似た景観を呈している。土が暖かくて、空気が乾いたところ。川沿いが多いのは、秋には霞が立ちこめて放熱を防いでくれるからだ。ブドウの栽培にうってつけ。

アルコールの生産は歴史の始まりとともに古い。ライン河畔リューデスハイムにワイン博物館があって、そこには古代ローマ式の醸造法が展示されている。ゲルマンの地にやってきたローマ人は、城づくりに先立って酒づくりにかかったらしいのだ。モーゼル酒、フランケン・ワイン、ラインガウ・ワインとも、由緒をたどると古代にまでさかのぼる。

例外がドイツ最南部カイザーシュトゥール産だろう。「皇帝の玉座」という地名のとおり、雄大な山が盛り上がっている。山頂にあたるのがトーテンコプフ「しゃれこうべ」といった意味で、なんとも愉快な命名である。

ブドウ酒づくりがはじまったのはナポレオン戦争のあとのこと。もともと貧しい地方だった。リンゴやスモモが実るだけ。十八世紀末のことだが、当地出身の医者でリュットという者がいた。腕をみこまれてナポレオンの侍医になり、イタリア遠征に同行した。南イタリアの火山地帯にもブドウが実って、上質のワインができる。

リュットは故郷にもどると、ブドウの植えつけを説いてまわった。貧しかった地方が、数十年後には、極上のワインの産地になっていた。イタリア遠征の副産物というところがおもしろい。酒の由来をたずねていくと、意外な事実に出くわすものだ。

つい飲むほうにばかり注意がいくが、ワインづくりは大変な仕事である。それは中世の八行詩が伝えるとおり。

ブドウの山は辛いもの
春は根上げに継ぎ木
つるを切り添木する

杭を打ち日ごとの手入れ

無事、秋の実りのあと、やっと獲り入れになる。ブドウ畑のおおかたが斜面にあるので、籠《かご》を背に這うようにして上り下りしなくてはならない。

今でもそうだが、しぼりの作業には親戚筋や近所の者が手伝いにやってくる。

大勢の衆のおカで
大樽に満パイ
元祖ノア様が
見守ってござる

「ノアの方舟」で知られるノアは、どういうわけかブドウ酒の創始者とされ、ワインづくりの守り神になっていた。

カイザーシュトゥールのワインづくりが、医者のすすめによったことは偶然ではない。十八世紀当時、ワインは薬とみなされていた。一日に定量を飲むのは体によいとされ、医者が酒量の処方をした。ひと口ごとに健康を高める。「酒は百薬」であって、呑み助には願ってもない口実になった。

ドイツ文学のなかでは、とりわけE・T・A・ホフマンが呑ん兵衛だったとされている。ドイツ・ロマン派の作家で、幻想小説を多く書いた。もともと法律を学んで裁判官となった人で、昼間は精勤な判事さま、夜はカフェや居酒屋をはしごする大酒飲み。昼間はものものしい判決文を書き、夜には奇妙な物語にいそしんだ。そんなところから、「お化けのホフマン」のあだ名がついた。

たしかに酒好きだったが、大酒飲みだったかどうかはわからない。ベルリン市中のはしご酒の打ちどめが「ルターとヴェーグナー亭」で、つけで飲んでいたのが、つもりつもって結構な額になった。その棒引きに店のため、現在でいうコマーシャル・コピーを作ったりした。大酒飲みというよりも、いつまでも酒と遊んでいるのが好きなタイプだったのではあるまいか。

青春は酒なしで酔い
老年は酒にて若返る

ゲーテの晩年の詩の一節。たえず若返りをして、70代半ばのとき10代の娘に求婚した。べつの詩では、こんなふうにも述べている。

憂いはいのちの敵
ブドウが仇を討つ

クサクサしていると寿命をちぢめる。ブドウ酒で発散しろというのだが、たしかに大いに発散させて、83歳の長命をまっとうした。

手紙や日記からゲーテの日常を復元した人がいるが、それによると早朝5時ないし6時には起きていて、すぐに珈琲とミネラルウォーター、ときにココアか肉入りスープ。

10時に朝食、冷肉とマディラ・ワイン半ビン。

昼食は1時か2時、雄鶏の蒸し煮、マスあるいはカワヒメマス、ヤマウズラ、カモシカ肉、コショウ料理、ベーコン。デザートに菓子と果物。その間にワインまるまる1本。ときには2本目に手をつけた。

夕方、芝居に出かけると、桟敷席にポンチを運ばせ、幕間ごとにお代わりをした。自宅ではシャンペンにワインが1本、果実酒が加わることもあった。社交的な集まりがあれば、むろん、1本ではすまなかった。

あきらかにドイツ文学最大の酒豪である。もっとも、単に飲んだだけでなく、作品にちゃんと生かしている。悲劇『ファウスト』第一部「ライプツィヒのアウエルバッハ地下酒場」の場は、とりわけよく知られているだろう。実在した酒場であって、ライプツィヒ大学生のころ、ゲーテはそこでよく仲間とドンチャン騒ぎをした。そのシーンに登場する学生の一人は、悪魔メフィストから振る舞い酒をさそわれたとき、すぐさま答えた。いただけるものなら、いただこう。「ただし、いっとくが、利き酒1杯きりってのはいけませんぜ。いただくとなれば、あふれるほどでなければならん」

ゲーテ自身のセリフでもあっただろう。

1814年8月。このときゲーテ、65歳。ワインの町リューデスハイムの河岸にあたるビンゲンでワイン祭が催されたのに際し、馬車を仕立ててやってきた。

「みんな、なんとよく飲むことだ」

祝祭を報告するにあたり、ご当地のグラスの大きさ、お代わり回数、酔いのぐあいまで書きとめている。酒にくわしい人の目のつけどころというものだ。

「大ジョッキで24時間以内に8回お代わりをした司祭がいる」

ワインは神様の贈り物だから、どんなに度を過ごしても罪にあたらない。ゲーテによると、たとえ5杯、6杯と飲んでも、つぶれたりせず、お仲間と仲よく腕を組み、場を乱さなければいいのである。

「遠慮することはない。自分の分とこころえて、飲めるだけ飲めばよろしい」

報告に名をかりて、自分の酒哲学を語っている。

ワインづくりでは、何年かに一度、「傑作」といわれる酒ができる。ときには何十年に一度の美酒としてもてはやされる。

ゲーテの詩では「アイルファー」の名で、しばしば出てくる。「11年もの」といった意味。1811年産のライン・ワインである。この年にハレー彗星《すいせい》があらわれたので「彗星ワイン」ともよばれたが、ワイン通のあいだでは永らく「世紀の傑作」とされていた。

ビンゲンのワイン祭の翌月、ゲーテは同じライン河畔の知人の別荘を訪ね、何日か滞在した。その夫人の回想から、訪問の目的が推測できる。

「宅にワインの良いのがたくさんあるのをごぞんじで、ものすごくお飲みになりました」

とくに「アイルファーを所望なさった」と、夫人は多少ともくやしそうに述べている。お代わりのたびごとににこやかにこたえながら、奥では舌打ちしてツノをはやしていたのではなかろうか。

アウエルバッハの地下酒場
（現在はレストラン）

「ブドウ酒つくり」

一生の宝

精肉業

ドイツでは精肉店へ肉を買いにいっても、なかなか肉にたどりつけない。「豚を300グラム」というわけにいかないのだ。牛となると、もっと手間がかかる。どのような料理をするから、牛のどの肉を、どれだけと告げると、精肉店はやっと了解して、いくつかを示してくれる。それを選ぶのがまたひと苦労だ。

およそわが国の魚屋と思えばいい。「魚3匹」といっても売ってくれない。焼くのか、煮るのか、刺身がいいのか。あっさり味、それともアブラっぽいのか。そんなことから望みの魚がきまってくる。ドイツの精肉店の店先では客と主人のあいだで、たえずこの種のやりとりがされている。むこう鉢巻で「イラッシャイ、イラッシャイ」などと賑やかに叫んでいないだけのこと。

魚の見分けと名前が、けっこう難しいように、肉においても同じである。肩、胸、腹、腰、脚《あし》など、それぞれの肉の名前がちがう。牛にあって豚にないものもあれば、その逆もあり、仔《こ》牛《うし》や羊や鳥が加わって、とても覚えきれない。

それでも少しは知っていると、レストランでメニューを開いたとき、役に立つ。長ったらしいメニューの品目は、つまるところ、どの肉を、いかにして調理し、どんな添え物をつけているかの一覧なのだ。ヨーロッパのレストランにいくと、客がテーブルについて注文するまで、おそろしく時間がかかる。たとえば一組の夫婦が席につくとしよう。メニューをひろげ、やおらそれぞれが検討に入る。5分、10分、15分……。

ときおりささやき合うのは、相談しているからだ。相手の意見を求め、参考にして、また検討し直す。人生の難問に直面したかのような厳粛な雰囲気である。

元気盛りで、何を食べてもおいしいはずの若い人も、それまでのお喋《しゃべ》りをはたとやめて、じっとメニューを見つめている。食欲を卒業したような老人においても同様で、やはり注文までに長い時間がかかる。

カム（der Kamm）は肩のところ、リッぺ（die Rippe）はあばら肉、コイレ（die Keule）は腿《もも》の肉、コテレット（das Kotelett）は肋骨《ろっこつ》つきの背中の肉。アイスバイン（das Eisbein）は豚の脚。

メニューを検討しているとき、きっと人々の頭の中では、いろんな名前があらわれては消えているのだろう。それぞれの肉の特性、味の付け方、ソースのぐあい、添え物とのコンビネーション……。ボーイを呼んで、肉の種類を問いただしてから、また熟考する人もいる。いちど決めてのち、飲み物の選択に移ってから注文を変更するケースもある。ワインなどとの取り合わせも考えなくてはならない。

ひとり旅のときなど、レストランで相客の注文風景をながめている。空腹ぐあいにはじまり、人柄や日ごろの癖が出るもので、芝居を見ているようにおもしろい。そういえば食通で知られたブリア＝サラバンが述べている。「食べ方によって、その人がわかる」。食事のとき、人はわれ知らず自分の素顔を出しているものなのだ。

精肉店は大切な職業であって、むろん、アマンの版画に描かれ、ハンス・ザックスが詩をつけている。魚と同じで、肉も鮮度が第一である。

新しいのが上等、とびきり
脂《あぶら》がのったのは、また上等

臓モツや脚、胃袋などに、いまでは見かけないドイツ語が出てくるのは、言い方がちがっていたのだろう。日常に欠かせない商品であれば、なじみ客は「つけ」で売り買いしていたようだ。節季にまとめて払う。精肉店にすればあと払いで、ワリが悪い。

現金でお買いのかたには
特別割り引きいたします

魚以上に肉を見分けるのは難しい。昔ばなしに出てくるが、精肉店の徒弟をして親方から習った。現在でも店先に「親方の免状（Meisterbrief）」が誇らかに掲げてあったりするが、ドイツ各地に組合や学校があり、数年がかりで肉に関するいろんな勉強をする。

精肉店は同時にハムやソーセージを作っていて、勉強のなかに、その技術も入っている。自分のところの肉を使って、できたてを売る。ハムやソーセージもまた、できたてが一番うまい。おいしいのを食べようとすれば、毎日精肉店に出かけて、その日のぶんだけ買ってくる。店先にいるとわかるが、ほんの少量でも、いそいそと注文に応じるものだ。自分の苦心の品を、もっともおいしい状態で食べてくれる人である。

「フランクフルター」とか「ウィーナー」とか、ソーセージに町の名がつくのは、土地によって特色のあるタイプがつくられたせいだろう。太めがフランクフルターで、小さいのがウィーナー・ソーセージ。ほかにもレーゲンスブルガーやニュルンベルガーやチューリンガーなど、ほとんど町や地方の数だけソーセージがある。

ミュンヘン名物がヴァイスヴルスト（白いソーセージ）。「血のソーセージ（ブルートヴルスト)」などといわれると、ついたじろぐが、色が血のように赤いだけ。表面がこころもちざらついている。レバーヴルストは「肝臓ソーセージ」の意味だが、腸詰めの形ではなくペースト状をしていて、パンにのせて食べる。塗りソーセージといったところだ。

ドイツのレストランにもどって言うと、大きく分けてメニューに「ヴァルム(あたたかい料理)」と「カルト(つめたい料理)」の2種類がある。時間によって、いまは「カルト」しかできないとボーイに言われることがある。調理場の事情を述べたまでで、店がつめたいわけではないし、また「カルト」の食べ物がつめたいのでもない。

ソーセージは「カルト」の食べ物の代表である。そして、ブラートヴルステ(焼きソーセージ)だと、焼き上がりを口の中でフーフーころがしながら食べる。鍋で熱湯に泳がしたのは湯気が立ったのがとどくから、これにマスタードを塗りつけてかぶりつく。すぐ用意できるのが「カルト」であって、どんなにあつあつでも、メニューの上では「つめたい」となるわけだ。

ドイツ人は豚の肉だけでなく、内臓も血もソーセージに利用する。ついでに述べておくと、豚はいたって清潔な動物である。うす桃色の福々しい体に、白い毛並みが美しい。顔に愛嬌《あいきょう》があって、なかなかの利口ものだ。そしてその全身で人類に奉仕している。よく罵倒《ばとう》語に「ブタ」を使ったりするが、まったく忘恩のきわみといわなくてはならない。

一流のレストランで、ながいことメニューを検討してから食事にかかるのは、肩がこっていけない。その点、「インビス」とよばれる軽食堂は気楽でいい。わが国でいえば焼き鳥屋といったものだ。町の大通りや映画館の近くなどには屋台の店が出ていて夜遅くまでやっている。オペラ帰りの正装組が、さもうまそうに食べている。ソーセージの立ち食いは焼き鳥と同じで、アゴを突き出して食べるのが正統派の食べ方である。

わが近所にマイスター・ムラカミが住んでいる。ドイツで修業して親方になった。ドイツ国旗の三色を看板にあしらっていて、前を通るたびにのぞいていく。いい精肉店を近くにもつのは一生の宝である。

親方の免状
（ヴィルムスの精肉店）

「肉屋」

魔法のひと吹き

古《こ》書《しょ》肆《し》

本好きは思うものだ。ドイツへ行ったら、町歩きの途中に古本屋をひやかしてみよう。ところがドイツの町を歩いても、なかなか古本屋と出くわさない。ショーウインドウに古書が置かれていて、いそいそと近づいてみると、インテリアとして飾られただけで、中はブティックの店だったりする。

まず名前がややこしい。古書店はアンティクヴァリアート（Antiquariat）といって、何やらものものしい。よく似た単語にアンティクヴィテート（Antiquität）があって、こちらは「骨董屋」。

名前だけでなく店構えも似ているので、よけいにややこしい。由緒ありげな古書が並べてあるので、古書店だと思って入ると骨董屋だった。フランス帝政期の椅子や戸棚の店なので骨董屋のようだのに、ガラス戸にはアンティクヴァリアートとある。そういえば椅子も戸棚も現役で、眼鏡をかけた女性が、その椅子にすわって仕事をしている。

境界があいまいなのは、古書自体が骨董であるからだ。古書店の多くは本の形をした骨董を扱っている。ルターのころの聖書、銅版画がどっさり入った『世界七不思議』1671年刊。ラテン語でしるされた鉱山学の学術書、木版画300点で図解。ゴシック体の荘重な活字だったり、天金・革装丁・象牙の留め金つきだったりする。気やすく「町歩きの途中にひやかす」といったわけにいかないのだ。

さらに古書店そのものが、レッキとした骨董品であったりする。たとえば「ミュンヘン古書店一覧」には40あまりの店がリストになっているが、最初の一つ、アッカーマン古書店の例でいうと、創業1865年。宮中御用達としてバイエルン王国宮廷図書館の蔵書を一手に請けおっていた。現当主で四代目。

リストのおしまいに近いヴェルフレ古書店は創業1775年。フランス革命の前から営業中。古本業を志す人は、たいていこの店で修業をして巣立っていった。旅行中に「ひやかす」なんて、とてもとても――。

では、ドイツでの古本屋探訪はあきらめたほうがいいのだろうか？　そんなことはない。店を見つけたら、目を輝かせて入っていけばいい。古書店の主人は例外なく大の本好きであって、同じ本好きはすぐにわかるらしい。はじめはけげんそうな顔をしていても、こちらの希望を伝えると、きっとニコニコとうなずいてくれる。

「詩人ホフマンスタールの初版本はありますか？」

たとえばの話だが、こんな要求をする。「バロック時代の旅行案内書」といったことでもいい。「アムステルダムで出版された魚の図鑑」などもいいだろう。当主はやおら奥へ入り、何冊かをかかえてくる。ホフマンスタールの初版はないが、再版ならある。新しく詩人の手が加わって、表紙もよくなった。

バロックのころの旅行記なら、これはどうだ。１６４８年刊。ただし断っておくが、この時代の刊行年はいたって大まかで、実際は5年後に出たのかもしれないネ。

うれしそうに説明して、頁をくってくれる。古書におなじみの少しばかりカビた匂いが鼻をくすぐる。古書好きはまた、この匂いが大好きときている。買うなどのことは考えなくていい。

店の主人も本を開いているとき、商売気はほとんどないにひとしい。同じ趣味をもった人間に対して、自分のコレクションを見せるよろこび。どうかすると古書よりも、古書店の主人に興味を惹かれるものなのだ。

おごそかな店ばかりなのか。わが国の古本屋のように、気楽に入れる店はないのか？

「フーゲンドゥーベル（Hugendubel）」の綴りを覚えておくと便利かもしれない。ドイツきっての大書店であって、主だった都市に支店をもち、そしてたいてい店の一部が古書部にあてられている。新本売り場の奥にあって、外からはわかりにくいが、かまわず入っていけば行きつける。

新刊書の売り場には金髪の若い女性がレジにいるのに、古書部にくると担当も古びて、年配の男性と相場がきまっている。新刊本は誰でも扱えるが、古書には経験と知識が要るからだ。客の注文をじっと聞いている。しばらく考えて、それからお望みの本を持ってくる。ベテランともなると、その間合いが実にいい。古書売り場では、古書以上に古書が引きとられていくときの情景が見ものである。

フーゲンドゥーベルの古書部は、本のほかに木版画や古銅板画や絵葉書、古地図も並べている。旅先で本を買うと、持ち運びが厄介だが、版画や絵葉書は荷物にならないし、それにごく安い。ドイツではごまんとある安物が、日本に持ち帰ると古物に特有の威厳をおびて、なかなかの値打ち物に見え、友人にホラまじりに吹聴できる。

大学の近くなどには、ごくふつうの店構えの古本屋があるものだ。入り口に「ゾッキ本」とよばれる安売りのものが積み上げてある。中は天井まで本ずくめ。ジーパン姿がつぎつぎにやってくる。

「レンブラントの研究書で、著者はたしか……」

うろ覚えの名前を店主が引き取って、正確に言い直し、それは只今は切れているが、お望みなら手に入れておく。3週間ほどかかるが、それでもいいか。

「ハイデガーの最初の論文を収めた本」

うなずいて、天井近くをながめ、長い梯子をのぼっていく。ドイツの古本屋は書物一般について、おそろしくよく知っており、そうでなくてはつとまらない。

探しものをしている格好で、店主と客のやりとりをながめている。本にはホコリがたまるもので、そんなときフッと息を吹きかけるのは、ドイツでも同じこと。

魔法のひと吹きであって、とたんに古本がよみがえり、赤毛にジャンパーの青年のリュックに収まる。長い髪の女子学生のふっくらした胸元に抱きとめられる。本と人とのまじわりの風景は、ながめていて飽きないものだ。

そんな店の一つが、ミュンヘンのシェリング通り25番地にある。名前はキッツィンガー（kitzinger）古書店という。大学街のまん中にあって、そこだけ木造りの古風な店である。不思議に思って主人にたずねると、第二次世界大戦で空襲を受け、まわりは焼け野原になったが、なぜかこの店の正面だけは火を免れたという。書物の霊が守ったというほかないのだ。

それでもやはり本屋に入るのは気おくれがする、という向きには、ノミの市をおすすめしよう。町の広場で定期的にひらかれる。そこにはきっと古本を並べた一角がある。

古書というより、おおかたはゴミに近いのだが、古い旅行書や写真集などは、目のつけ方しだいで、いい買い物になる。要は本自体としてではなく、頁を買うというこころもち。パラパラめくって珍しい絵や写真が見つかれば、それでよし。安いのを、さらに値切って手に入れ、カフェなりホテルなりでお目当ての頁を切りとり、その場で本は処分する。思いのほか、うれしいものが手に入る。

店を出ると、なおのこと外の空気がすがすがしい。古書店は生きている時間を再認識させる効用をもっている。カフェでケーキを注文して、めっけものをあらためるのは、この世にめったにないよろこびというものだ。

フーゲンドゥーベル書店古書部(ミュンヘン)

キッツィンガー古書店(ミュンヘン)

森のフクロウ
書店

ドイツの町歩きで目じるしにする一つが、店の入口にとまっているフクロウである。むろん、本物のフクロウではなくフクロウの彫り物。木製のときもあれば、ブロンズ像がのっていることもある。「知恵の鳥」の意味から書店のしるし。眼鏡をかけたフクロウもいる。

べつに買いたい本がなくても、そっと入って書棚を眺めている。新刊書になじみはないが、ヒラ積みしてあるのは目下のベストセラーだろう。そのまわりの本も当今の話題作であって、ドイツ人には関心を惹《ひ》くものであれ、外国人にはほとんど縁がない。縁がなくてかまわない。話題はせわしなく移っていく。わざわざよその国で、お先棒かつぎをするまでもない。

少し奥の棚が目のつけどころだ。そのあたりからは、書店主の仕入れた本になる。ベストセラーは商売用だが、奥の棚は書店の見識と心意気のエリアなのだ。

べつに高尚な本というわけではないが、あきらかにただの本ではない。並べ方にも工夫があって、単にそこに置いたというのではなく、本棚そのものが好みというもので統一されている。刊行後5年、10年たっていてもかまわない。ときには初版が半世紀も前といった本だってある。増刷をかさねていれば、そのつど新刊になるわけだ。

これらを選び、並べた人がいる。カウンターの奥でパソコンを見つめている。電話で誰かと話している。あまりパッとしないタイプが多い。度の強い眼鏡をかけた痩《や》せ型の女性といったケースもある。こちらが彼らを見ているように、彼らは何げない目つきでこちらを見ている。万引きを恐れてのことではないだろう。「おや？」と思ったからだ。

奥の棚までやってきた。目つきが強い興味を示している。抜きとって少し読んでから棚にもどした。それが何の本であるか、書店の主はお見通しだ。ひとしおの思いとともに仕入れたのだもの。つぎにどの本を目にとめて抜き出したか？　客にもまた自分の好みと統一があり、立ち読みの本から、その人がうかがわれる。

そこに見当たらなくても書名をいうと、さらに奥の書棚から持ってきてくれる。ドアごしにのぞいたが書庫といったものがあり、ときには店よりも、そちらのほうが大きかったりする。

あやふやな記憶で、おおまかな書名を述べると、いっしょに考え、思い出すヒントを与えてくれる。当の本はさておいて、関連した本はこれとこれ、少し前のものだが、こういった本もある——。

書評の切り抜きを店で見せれば、パッと表情が変わる。あなたはいい本を選びました。私も読みましたが、とてもよく書けています。

少し難しい顔をすることもある。

「この本はたしかに評判はいい。しかし、私には気に入りません……」

買うなとはいわないが、同じことならこの本はどうかと、2、3冊かかえてきたりする。だからといって買うことはない。手にとり、ながめ、そのままもどしても、相手は満足げな表情をうかべている。本との出会いを実現した。それだけで、すでに書店の主にはうれしいのだ。

一度だけだが、相手の首をひねらせたことがある。背中の書名に関してだが、横文字の本を本棚に立てると、背文字を読もうとすれば、首を傾けなければならない。90度傾ければちょうどいいのだが、人間の首はゴムではないので、真横にはならない。はすかいに見る格好だ。その際、背文字の向きがバラバラなのだ。ある本は上から下、つぎの本は下から上。首を左にかしげたり、右に倒したり、けっこう忙しい。当人は大まじめだが、はたから見れば、かなりコッケイな動作である。

本を立てたとき、背文字が下からはじまるのを、印刷用語では「読み上げ」といった意味をあてる。上からはじまるのは「読み下げ」である。

背を並べたとき、向きがごっちゃなのはみっともないし、読みづらい。せめて国で統一してはどうなのか。

「ナルホド、ナルホド」

鼻先まで眼鏡をずらして店主は棚の本を並べ替えた。ためしに「読み上げ」で統一すると、逆さになった本は出版社名が上にくるし、埃《ほこり》よけの小口《こぐち》装飾がついていても、それが下にきて意味がなくなる。

「たいていの人は左手で取り出して頁をくりますね」

私は実際にやってみた。となると読み上げのほうが勝手がいい。読み下げだと、背中を見るときいちど手にした本を、あらためて向きを換えなくてはならない。

「読み上げのほうが合理的です」

フランス語でも英語の本も、シリーズで統一されている以外は、まったくまちまちである。横文字の人々には、気にならないらしい。

「日本語では首をかしげる必要はありません」

上から下に、ごく自然にタイトルを追っていける。べつに威張ることでもないが、多少とも誇らかに言ったらしく、店主は大いに賞賛してくれた。

書店とのかかわりからレクトゥーア（Lektor）のこともお伝えしておく。辞書には「(出版社において主として原稿審査を担当する）編集者」といった訳語がついているのではなかろうか。

「原稿審査員」などとも出ている。わが国の出版界には見ない職種であって、それは彼らの特権からも見てとれる。

毎日、出社する義務がない。

刊行本に自分の名前を明示できる。

なかなかの高給とりである。

新しい才能の登場には、陰に陽にレクトゥーアの存在があずかっている。文学や思想の産婆役であって、才能発掘の請負人、ときにはセンセーションの仕掛け人ともなる。だからといって、ベストセラーばかりをねらっている人ではない。

トーマス・マンもレクトゥーアの返事には一喜一憂した。注意を受けた個所は書き直した。ブレヒトは人間関係でいろいろ問題を起こした人だが、レクトゥーアとの関係は終始おだやかに維持していた。ノーベル賞作家ギュンター・グラスは、若年期の経歴を自伝で公表するにあたり、誰よりもまずレクトゥーアに相談しただろう。問題の個所の叙述にしても、大いに相談役のアドバイスを参考にしたにちがいない。

たしかトーマス・ベッカーマンといったが、むかし、私が勤めていた大学に外国人講師としてやってきた。私はたまたま、彼がレクトゥーアとしてつくった本を読んでいて、そのことを言うと、目を丸くした。あの作家は今、どうしているとたずねると、伸び悩んでいると遠廻しに答えた。

30代の半ばで、童顔で、背広よりもジャンパーが似合った。当人も背広にネクタイは苦手のようだった。大学で教えるかたわら、学会で新しいドイツの文学をめぐって講演をした。しかし、さして日本の大学に関心がなく、感銘もなかったのだろう。2年ばかりして、さっさとドイツに帰ってしまった。

何年かして、ドイツの老舗《しにせ》の出版社のレクトゥーアになった。由緒ある文芸誌の編集長をつとめ、「ベッカーマン編集」と扉にうたったシリーズが出はじめた。

世の中には、こういう人もいる。鋭い文学センスをもっているが、自分では書かない。自分の本ではなく、他人の本をつくる。才能を見つけ出すのもまた才能である。

町の書店は、小さなレクトゥーアたちのいるところだ。腕に黒い袖カバーをつけ、書棚の森をつくる。その森のフクロウというものだ。

リューネブルクの町の書店

書店の
フクロウたち

活字の館

活版師

フランクフルトのすぐ南、マイン川沿いにオッフェンバッハという町がある。オペレッタの作曲家オッフェンバッハと同じ名前だが、むろん、地名のほうがずっと歴史的に意味深い。ほかにも同じ名の町があるので、フランクフルトと同じように、おしりに川をくっつけ、正式にはオッフェンバッハ・アム・マインである。

フランクフルト市中からSバーンとよばれる郊外電車で15分ばかり。ユニークな博物館がある。みごとな活字本のコレクションをそなえ、とびきり美しい書物が揃《そろ》っている。べつに研究者でなくても、本好きというだけで、書庫から取り出されたのを、したしく開いて見ることができる。

グーテンベルクによる活版印刷のはじまりはよく知られている。しかし、その後にもずっと活字の発明や工夫がされてきたことには、あまり注意が払われない。書物そのものが神聖視されていたころ、おのずと活版師は特異なワザの人とみられていた。

錫《すず》と鉛《なまり》で活字を鋳《い》り出す
われら秘法を心得た者

仕事場のカマドに火が燃えていて、まわりに見なれぬ道具が並んでいるところなど、錬金術《れんきん》師の工房を思わせる。

生まれ出た活字を
きちんと並べて版づくり
ラテン文、ドイツ文
ギリシャ文、何でもござれ
頭文字、句読点、終止符と勢ぞろい
あとは刷り師にまかせるまで

わざわざ頭文字や句読点のことに触れているのは、とりわけそこに工夫がされていたからである。遠い昔の本にはよく、頭文字がとび抜けて大きな文字になっていたり、奇抜な書体が使われていたりするが、目立ちやすいので、活版師がここぞと力をこめたのだろう。

ながらく活版師の分野だったが、十九世紀の後半ごろから、美術家、工芸家が活字の分野に進出してきて、鉛文字が一挙に美的世界の担い手になった。文字と本造りが二人三脚をして、世紀末から1920年代にかけて、およそこれまでになかった美しい書物が誕生した。

それが生まれたのは、ドイツではまずオッフェンバッハの町だった。「世紀の美本」とされる書物の扉には、誇らかにオッフェンバッハ・アム・マインと記されている。クリングスポーアといって、家業の活版鋳造所を受け継いだ兄弟がいた。兄がカール（1868～1950）、三つちがいの弟がヴィルヘルム（1871～1925）。ちょうどグリム兄弟のように力を合わせ、歴史に残る活字本を世に送り出した。

もともとオッフェンバッハは皮革製品の町として知られてきた。宗教改革のころ、フランス・カルヴァン派教徒が移ってきたが、そのなかに皮革師がいて、やがて当地の手工業の中心になった。

カルヴァン派の教会がいまも残されている。その前の通りを少し入ったところに、美しい宮殿風の建物がある。「ビュージンク宮」といって、十八世紀に建てられたもの。両翼の一つ、木立ちにつつまれたのがクリングスポーア博物館、もう一翼は市立図書館になっている。全体が大きな「活字の館」というものだ。

　グリム兄弟と同じようにクリングスポーア兄弟も、兄が学究肌、弟が文学性の強いタイプだった。兄は特色ある活字本の蒐集《しゅうしゅう》につとめ、弟は美術家や工芸家たちとともに新しい書体の創造に熱心だった。

　おりしも自動車やオートバイが登場した。電話や電信が急速に普及していく。パリに地下鉄駅ができたとき、アール・ヌーボー調の文字による駅名表示が人を驚かせた。メディアや交通の大きな変化のなかで、それに応じるサインボードやシンボルが必要になってきた。クリングスポーア兄弟が自分たちの活字鋳造所で、書体の実験をはじめた背後には、おのずと時代の要請があったからと思われる。

　オットー・エックマン、ハインリッヒ・フォーゲラー、ルドルフ・コッホ、ヴァルター・ティールマン……。いずれも個性的な文字を創り出し、活字の芸術家といわれた人々である。クリングスポーア兄弟は、彼らを強力に援助した。ほかにもペーター・ベーレンス、ルド・シュペーマン、イムレ・レーマーたちがいる。ドイツ人にかぎらず、イギリス生まれ、ハンガリー人、チェコ人など、国籍を問わなかった。

　書物の試みであれば、活字や書体だけでなく、製本や装幀《そうてい》にも及んでくる。クリングスポーア博物館には、より抜きの美装本が数多く集まっている。コレクションがひろがるにつれ、制作者たちから送られてきた。製本の名工とうたわれた職人がとっておきを寄贈した。クリングスポーアが生み出した革装本は、オッフェンバッハの伝統的な皮革技術があいまって、かけがえのない逸品とされている。

ほかにも装飾本、新聞印刷集、活字見本、筆写本、カリグラフィー、トポグラフィーの手本帳、文字見本……。およそ活字にかかわるすべてが利用者のためにそなえてある。

二階建ての宮殿の一階は展示室で、おりおりのテーマで展覧会が開かれる。階段を上がった左手に小振りのドアがあって、細い廊下が通じている。多少ともおごそかな雰囲気で、尻ごみしたくなるところだが、勇気を出して次のドアをたたくと、きれいな女性の声がして、あたたかく迎えられる。少し年配の人と、若い人。

「どのような本を見たいですか?」

無理に知ったかぶりをせず、古いのと新しいのをまぜて、特色のあるもの、といった言い方をすればいい。相手がちゃんとこころえて、何冊かずつ書庫から運んできてくれる。

人間の手はアブラっこいから白い手袋をつけてページをめくる。日ごろ見なれたドイツ語の活字とは、まるでちがった書体をもち、あるものは踊るような、べつのものは端正にとり澄ましたような、またべつの一つは身もだえして叫ぶような、実にさまざまな表情をとって現れる。

ふつう活字には無味乾燥な印象しか受けないものだが、それは強いられた機能のワクにあるからであって、活字それ自体として自由にされるとき、おそろしく表現ゆたかなメディアであることがよくわかる。テレビやコンピュータの時代にあって、新しいタイプのサインやシンボルの要求に答えるため、まだまだ多くの可能性をそなえているのではなかろうか。

フランクフルトでは毎年、大がかりな書物見本市が開かれ、出版者や編集者が大挙してやってくる。はたしてそのなかで、どれほどの人が、すぐお隣りのステキな活字の館を訪れるのだろう？

博物館の裏手は公園で、道路ぎわの建物に大理石の銘板がはめこまれていた。１７７５年の夏、この公園でゲーテは婚約者リリー・シェーネマンと何度か会ったという。夏の終わりとともに婚約を解消した。

『若きウェルテルの悩み』が大当たりした翌年であって、26歳のベストセラー作家は結婚が迫ったとき、さっさと逃げ出した。小さな家庭の幸福よりも、もっと広々とした活字の世界を選んだとみていいのである。

オットー・エックマンの
新書体。1900年

「活版師」

坑夫

地中の宝さがし

ドイツ中央部にゴスラーという町がある。人口5万たらずだが、市庁舎や教会のつくりが雄大だ。中世に皇帝が王や廷臣たちとともに滞在した古い城がある。しばしばここで帝国議会が開かれた。

どうして山間の小都市が歴史の舞台になっていたのか？　すぐ東がハルツ山地で銀を産した。ゴスラーは「銀の町」として、十世紀から500年あまり、大いに栄えた。

中央広場に黒っぽい建物があって、現在は町の観光協会が入っているが、かつてはそこに鉱山事務所があった。週給日になると坑夫たちが列をつくり、賃金を受けとっていた。

ハルツ山地に銀の鉱脈が見つかったのは、古文書によると968年のこと。採掘の歴史はまた採掘技術の歴史でもある。ゴスラー郊外ランメルスベルクに鉱山博物館があって、坑道づくりから鉱石精選にわたる技術と道具を一巡できる。20年ちかく前まで実際に採掘していたということで、坑道そのものが見物できる。

山から山への鉱脈さがし
親方、仲間、徒弟たちと
竪穴や横穴をつくる
穴を掘るのがわれらの仕事
掘り進めては支柱を立てる
暗い地中で艱難《かんなん》辛苦
首尾よく銀を見つけても
上がりは山持ちさまの懐中入り

アマンの版画では、羽根つきの帽子をかぶった男が斧《おの》を肩にして立っている。遠くに穴掘りやトロッコで運び出す情景が見える。さらに遠くには山上の城。銀で栄えている町だろう。斧はともかく、坑夫たちはよく羽根つきの帽子をかぶっていたようだ。坑道はしばしば酸欠状態になる。危険なガスが漂ってくる。空気のぐあいをたしかめるため、先に小鳥を飛ばした。先導役であり、また危険を知らせるシグナルである。そこから「お守り」としての羽根つき帽子が生まれたらしい。

観光協会の建物は三階の正面が半円形に突き出ていて、まん中に大時計がある。朝の9時から3時間ごとに、時計の下が二つに割れて、からくり人形が昔の鉱山風景を演じて見せる。

まずは坑夫長で、金すじ入りの帽子をかぶり、手にパイプをもっている。つづいては坑夫の一団。鉄カブトのような帽子をかぶり、肩には鉄の肩当て、腰に毛皮を巻いている。これが坑夫におなじみのいで立ちだったのだろう。

小さな鐘が鳴り、メロディが流れて、からくり人形が動き出す。ハンマーを振ったり、ノミを金槌《かなづち》でたたいたり、タガネを打ちこんだり……。職種に応じて作業着がちがっていて、鉱石の運搬役は半袖の上衣に、ひざまでのズボン、頭に三角の帽子をのせている。童話「白雪姫」には、7人の山のこびとが出てくるが、絵本でもたいてい、運搬役と同じような姿で描かれているものだ。

採掘につづくのが精錬の仕事で、カマドに火が燃えている。精錬役は白いシャツに金色のチョッキ、金色のズボン。腰に火薬を入れた小袋をつけている。

最後のシーンは労働のあとの祝祭で、メロディもダンス曲のようにテンポがいい。晴れ着に着替えた坑夫たちがテーブルにつき、飲めや歌えの大騒ぎ。ブランデーをラッパ飲みする者、銀のジョッキで乾杯する人。鶏の蒸し焼にフォークを突き立てる男。まわり舞台のように、人形たちがゆっくりとドアの奥に消えていく。

鉱山には事故がつきものだ。ハルツ山地でも、くり返し悲劇があった。十七世紀半ばすぎにも大きな落盤事故があった。良質の鉱脈を掘りつくすにつれ、より深く掘りすすめたあげくのことで、縦はば1200フィート、横はば600フィート、深さ180フィートに及ぶ大陥没と伝わっている。これにより鉱山が壊滅状態となり、衰えながらも、辛うじて「銀の町」の威光を保っていたゴスラーが、とどめを刺された出来事であって、その後は現にあるとおりの、もの静かな山間の町になった。

こういった事件は作家の想像力を刺激するらしい。E・T・A・ホフマンが舞台をスウェーデンのファルンに移して落盤事故を小説にした。その「ファルンの鉱山」では、結婚する若い二人の結婚式の朝のこと、花婿《はなむこ》の青年坑夫はふと思った。ひとっ走り坑内の奥に行って、「アルマンディン鉱石」を削り取ってこよう。雲母にくるまれた赤い石で、いかなる宝石よりも美しい。これこそ新しい妻への何よりの贈り物ではないか。

教会に人々が集まったのに花婿があらわれない。かわりに坑夫が駆けこんできた。坑内で大落盤があったという。

小説では後日譚のようなエピソードがついている。事故から50年後のこと、鉱山で二つの坑道のつなぎの通路を掘りすすんでいたところ、一つの死体が見つかった。石化したかのように美しく、身につけた衣服から胸にさした花まで、少しもそこなわれていない。死体が運び出されたが、それが何ものなのか、誰も知らない。

そのとき、杖にすがって坂道をのぼってくる白髪の老女の姿が見えた。

「ヨハネばあさんだぜ」

そんなあだ名がついていた。聖ヨハネの祝い日になると鉱山にやってくる。死体を目にしたとたん、老女は杖を投げすて、両手を差しのべた。

「あなた、わたしのいとしい花婿！」

石の骸《むくろ》をかき抱いて、涙ながらに打ち明けた。自分はこの人の花嫁になるはずだった。大落盤のあと、悲しみのあまり町を去った。そして老いてもどってきた。いつかきっと、愛する人に会えるような気がしたからだ。

「ああ、いとしいわたしの花婿……」

ひしと死体を抱きしめた。吐息とすすり泣きが、しだいに細くなり、やがてとだえた。

人々が近より、抱きおこしてみると、彼女は花婿の死体の上で息たえていた。石化したとばかり思えた死体のほうも、みるまに灰になって崩れはじめた。ホフマンの小説は、つぎのように終わっている。

「その灰は50年前に、はなやかな結婚式のとりおこなわれるはずだった教会に納められた。あわせてそこに、酷い死をともにした花嫁の死体も葬られた」

ゴスラーのお土産屋には、店先にきっと、箒《ほうき》にまたがった魔女の人形がぶら下げてある。ハルツ山地の最高峰がブロッケン山で、魔女伝説で知られている。ゲーテの『ファウスト』にも出てくるが、年に一度、魔女たちが箒にまたがり、空を飛んでくる。そして夜のお山でランチキ騒ぎをする。

ハルツ地方は霧深いことで知られている。それに鉱脈のせいか、上空に不思議な模様ができたり、闇夜に白い光が走ったりして、そんなところから魔女伝説に結びついたのだろう。

鉱山は廃業したが、観光資源としてよみがえった。つい先年まで使われていた坑道はトロッコもそのままで、かなり奥まで入っていける。ただし、ヘルメットをかぶり、坑夫のいで立ちのこと。

とくにたのんで仲間に入れてもらった。銀鉱脈がつきたあとは、銅や鉛を採掘していたという。坑内には点々と明かりがあって、ところどころが小さなホール状にひろがっている。坑道が交叉するところは、トロッコの中継点でもある。

もどり道に卵のようなかけらを手に入れた。

「もしかするとアルマンディン鉱石かもしれないぞ」

ひとり合点の夢を抱いて握りしめていた。ホフマンの小説では、その石をのぞきこむと、愛する人の心が透けて見えるということだった。坑道にいるあいだ、たぶん緊張していたのだろう。外に出て、掌をひらくと、卵型の小石が少し汗ばんでいた。気のせいかアルマンディン鉱石のように雲母状の模様をおび、赤みがかかっているのだった。

ハルツの坑道を行く（左から2人目が著者）

「坑夫」

第3章

天まで とどけ

天までとどけ
石工

石工というと何を連想するだろう？　すぐに思い浮かぶのは石畳の工事の人だ。作業服にエプロンのようなものをつけ、小さな石柱を金づちで叩きながら敷きつめていく。タンクローリーからセメントを流し込むのとちがって、おそろしく根気のいる作業である。遅々として進まないみたいだが、何日かのちに通りかかると、威厳のある石畳ができ上がっている。要所に淡い色の石がまじえてあって、はなれて見ると、優雅な模様をえがいていたりする。

現代ではさしあたり、そんなところだろうが、中世から近代にかけては、まるきりちがっていた。これはとびきりのハイテク技術者であり、石を素材にして途方もない建造物をつくり上げた。建物や橋や井戸、さらに古い木版画につけられた詩が誇らかに述べているが、「城壁や城や聖堂／天までとどく塔」を建てた。

その木版画には、広大な石切り場に無数の石工たちの姿が見える。切ったり割ったり叩いたり計ったりしている。手前に立派な顔立ちの人物がいるが、ハイテク集団をたばねていた統領かもしれない。力のあるリーダーのもと、石工たちはチームとして大きな仕事を請け負った。

教会をつくるとなると、何年どころか何十年もの歳月が要る。ケルンの大聖堂は十三世紀半ばに起工され、完成したのは600年あまりのちの1880年である。157メートルの塔は永らく世界で一番高い建物だった。その間、ずっと工事がつづいていたのではなく、何度も資金難のため中断し、荒れはてたまま放置されていた。

そんなところに生まれた伝説らしいが、さる石工の統領が自分一代で完成させようとして悪魔と契約した。魂を売ってまでも名声を得ようとしたわけだが、傲慢の罪によってか、やはり塔は仕上がらず、足場から身を投げて死んだという。

完成したのは十九世紀末、帝国ドイツが日の出の勢いだったころで、そんな国力があと押しをしたわけだ。近代産業資本のほうが悪魔よりも強かった。

ケルンにかぎらず聖堂にまつわって悪魔伝説があちこちにある。おごりや傲慢をたしなめ、神の威光を語るのにちょうどいいせいだろうが、ともに巨大な建物を目のあたりにして、それが人間ワザとは思えず、つい悪魔に一役買わせたくなったからではあるまいか。

いかにもそのとおりで、正面を入り、薄暗い側廊や身廊を進むあいだ、これほどの建物が、いかにして実現したのか不思議でならない。立ち並ぶ列柱の雄大なこと、それが壮麗なアーチを支え、はるかな高みに円蓋が美しいカーブをとっている。コンピュータもクレーンもリフトもなかった時代に、どのようにして石を引き上げ、積み重ねたものか。途方もない重量を支えるアーチと列柱の力関係を、どうやって計測したのだろう?

さらに不思議なのは、複雑きわまる技術の集合体でありながら、全体はいたって簡素で敬虔な印象を与えることだ。それがなくては、いかなる巨大な建造物も、つまるところ、金力にあかした見世物小屋にすぎない。

それにしても工事の進行中、石工の統領はどうやって現場にこまかい指示を与えたのか? 無線やケイタイがあるわけではない。足場の上と下で、どなり合っていたのでもないだろう。合図やサインが、いろいろ取り決めてあったのではあるまいか。

フリーメイソンのドイツ語はフライマウラー(Freimaurer・自由な石工)であって、そのはじまりに高度な技術をもった石工集団がかかわっていたらしいことがわかる。フリーメイソンは秘密結社というように言葉よりも沈黙を重視した。誓約と結束にも、リボンや飾りやジェスチャーをもってした。意思を伝えるにあたり、さまざまな取り決めがあって、絵入りのマニュアルがつくられていた。

もしかすると石工社会で使われていた伝導の方法が応用されたのではあるまいか。本部にいる統領は、現場からの問いに対して、プロ野球の監督のように、指や腕をしきりに動かし、膝をポンと叩いたりしたのかもしれない。

エルベ河畔の古都マグデブルクにいたときのことだが、大聖堂の入口に修復工事中の標識と、完成図とが掲げてあった。旧市街の中にあって、天を刺すような二つの塔をもっている。1200年ごろに建造をはじめ、400年かかって完成したという。カトリックの牙城となるはずのところ、できあがったころはすでに大司教座がよそに移っていて、住民の大半はプロテスタントに改宗していたというから、運の悪い聖堂である。

今もそうだが、旧東ドイツの町々では、統一後は至るところが工事中で、主だった建物に足場が組まれ、塀で囲ってあった。完成予想図には10年後、20年後の日どりが入っている。かつての400年には及びもつかないが、それにしても気の長い話である。

中に入れないので、広場に佇み、二つの塔を双眼鏡でながめていると、大屋根から声が降ってきた。やがて足場のうしろから、人の好さそうな青年が顔をのぞかせた。金髪頭にクシャクシャの帽子をかぶり、胸当てつきの作業ズボン、そこに石の粉のようなものがしみついている。ザクセン訛りの強いドイツ語で、親方がいいと言っている、興味があるなら上がっておいで──。

わきの小さなくぐり戸を入ると、廻り階段になっていた。鉄の手すりにつかまりながら細い石段をのぼっていった。見上げるとラセン階段がどこまでもつづいている。左右の壁は石がむき出しのままで、菱形の小窓から明かりがさしこむが、全体は仄《ほの》暗い。圧迫感を覚え、息苦しくなってきた。石室のような踊り場まで来て、そのまま崩れるようにすわりこんだ。

小窓ごしにエルベ川が銀紙を貼りつけたように光っていた。かなたにザクセンの野が茫漠としてひろがっている。川っぺりは黄ばんだヴェールをひろげたような色合いをしていた。

ひげづらの大男が顔をのぞかせた。大屋根から声をかけてきた親方である。こちらのようすを見てとると、革のジャンパーの内ポケットからガラスの小瓶を取り出した。気つけ薬のブランデー。ひと口ひっかけると元気が出る。こちらは手まねで礼を言った。舌がひきつれたようで声にならない。

親方が金髪の青年に何か言った。青年は腰の革ひもにロープを結びつけた。それから大屋根の梯子を引き上げ、急斜面の小屋根に立てかけると、こともなげに登っていく。小屋根にとりつき、石柱のような白い十字架に両手をかけ、ゆさぶるようなしぐさをした。親方が両手の指を立て、何か合図した。青年がうなずいて、小尾根の向こうに姿が消えた。勢いよくロープがのび、つぎには棒のようにピンと張った――。

それから何日間か、ホテルのベッドで目を覚ますたびに冷汗をかいていた。眠りのなかでは、からだが中空におどり、つぎの瞬間、石のように広場の石畳へと落ちていった。

マグデブルクの
二つの塔

「石工」

金銀よりも

錫師

スズという金属をごぞんじだろうか。漢字では「錫」、金属元素記号ではSnで示される。原子番号というのは何のことかは知らないが、50と表示されている。

銀色、あるいは水銀色といわれるのにあたるが、よく見ると、ほんの少し青みがかっていて色合いに深みがある。性質はよくのびるので、箔《はく》にしたりチューブにもできる。使いやすいので金ヘンに容易の「易」があてられたのだろうか。ドイツ語ではZinn、英語のtinと対応している。

現在ではマレーシアやボリヴィアが主な産地だが、かってはドイツとチェコの国境の山地でも産出した。そのためドイツでは早くから知られていた。性質が鉛と似ているので、両者を区別して、錫を「白い鉛」、本来の鉛を「黒い鉛」と言ったりした。箔にもチューブにもできるので、鉄や鉛にかぶせられる。黒かったものが、とたんに神々しい白銀色になる。

そんなところから宗教や儀式のための用具に好んで錫が使われた。聖遺物入れ、水差し、燭台、儀式皿、ロザリオ、メダル……。金銀のように注目はひかないが、優れた錫の工芸品が数多く残されている。

おのずとこの道の名工といわれた人がいた。ドイツ工芸の歴史を述べた本には、十六世紀のころのN・ホルヒハイマーやA・プライセンジンといった名があげてある。「ドイツ・バロック美術展」などには、きっとまとめて代表作が並んでいるはずだが、その辺りはおおかたの人が素通りして、たいていひとけがない。

マイセン市のフーゴー・レーマン氏は現代の名工である。つつましい人だから当人はそんなふうには言わないが、マイセンの錫工レーマンといえば、この世界でひろく知られている。レーマン工房の創業は1792年、現当主は七代目。共産党政権下にあっては安価な大量生産が原則であって、一つ一つ丹念につくる手仕事は白い目で見られた。それでもねばり強く工房をつづけてきた。

創業200年とドイツ統一が、ほぼ一致したのは、我慢してきたゴホービかもしれない。以来、レーマン工房のガラス窓を、晴れやかな「マイセン錫200年」の銀色の文字が飾っている。

わざわざ「マイセン錫」と断っているのは、知られるようにご当地マイセンは焼き物で有名だからだ。交叉《こうさ》した細い剣がマイセン磁器のマークであって、白く、なめらかな硬質の肌に青で染めつけてある。その世界中に知られたマイセン窯の本場で、２００年にわたり錫工芸の伝統を守ってきたわけである。フーゴー・レーマンの先祖たちが、とびきりのガンコ者たちだったことがわかるだろう。

この分野の名工が十六世紀以後あまり伝わらないのは、錫の効用が変化したからである。技術が進み、宗教や儀式用だけではなく生活具にも使われてきた。錫の性質からして利用しやすく、錆びないし、品のいい銀色をしている。安くつくれるとなると、ひっぱりだこだ。生活に余裕ができてくると、人々はそれまでの鉄器や銅器を錫製品に買い代える。

古書ではたいてい甲冑師や蹄鉄師のあと、鉢づくりや鈴づくりにまじって錫工が出てくる。手前にズラリと並べてあるのは仕上がりの品だろう。錫の鉢や瓶や水差しや壺は、版画ではわからないが、窓からの明かりを受け、仄《ほの》かな銀色の輝きを見せていたにちがいない。

火入れして鋳型《いがた》をつくる
錫職人とはわしがことよ
ビール、ブドー酒には
瓶とコップがつきもの

鉢、盆、皿なんでもござれ
銚子、壺台、水差しときて
燭台、皿受け、ほかにも色々
家庭の入り用、何でもつくる

名工による工芸品ではなく、職人仕事による生活用具がつくられていたことがわかるのだ。さぞかし注文がひきもきらない状態だったのだろう。こころなしか図に見る三人の職人は、とびきり忙しげだ。並べられた仕上がり品も、すぐさまとぶようにはけていったのではなかろうか。

錫工の景気のよさを見込んでだろう、十八世紀末に、初代レーマンがマイセンの小山の麓に工房を開いた。町はエルベ川に面しており、船運が通っていた。チェコ国境の山地は同じザクセン王国の領土であって採掘された錫が船で運ばれてくる。たしかにいいところに目をつけた。ただ一つの不運は、同じ小山の上で、べつの技術の開発が進んでいたことである。

マイセン磁器の誕生は、「剛胆王」とよばれたザクセン国王アウグストが、力づくで錬金術師ヨハーン・ベトガーを山上の工房に閉じこめ、磁器の発明を命じたことにはじまる。十八世紀の初め、最初の赤い磁器、つまり赤器が陽の目をみた。ついで白磁に成功。

ベトガーの死後、J・ヘロルトやヨハーン・ヨアヒム・ケンドラーといった陶工があとを継ぎ、マイセン磁器の声価を高めた。フーゴー・レーマン氏の工房のすぐわきに小山へ登る石段があり、登りつめたところの建物に記念の銘板がつけられていて、そこがかつて名工ケンドラーの住居であったことがわかるのだ。

「どうして磁器のお膝元で錫の仕事場を開いたのでしょう?」

当主にたずねたことがある。マイセンといえば焼き物の町と同義語だ。錫の仕事は場所をずらして始めてもよかったのではあるまいか。

フーゴー・レーマンさんの意見は明快だった。磁器と錫とは用途がちがう。買い手がかさなることがない。とりわけマイセン磁器は国王の肝入りでつくられ、とびきりの高級品とされてきた。金器銀器と同じく宮殿や邸宅に飾られ、貴族やブルジョワに求められてきた。一方、錫の産物は生活用具であって、人々の暮らしに欠かせない。宮殿の壁よりも居酒屋の棚に合っている。ブルジョワの宴よりも、庶民のお祝いごとに似つかわしい。だからこそ「マイセン錫200年」は、なおのこと意義がある――。

現フーゴー・レーマンがこんなふうに述べ立てたわけではない。奥の椅子にすわり、風格のある鼻ひげの下にパイプをくわえ、ほんのふたこと、みこと口にしただけである。言外を私が補足したまでのこと。

簡素な仕事場に昔ながらの工具が並んでいた。ドイツの町々の錫工の仕事場は、ほぼ似たものだそうだ。昔ながらの工具で十分たりる。あとは技術とセンスでつくっていく。

通りに面した部屋が陳列室兼即売にあててある。レーマン夫人の品のいい飾りつけのせいで、眩しい銀の小世界というものだ。

先年、久しぶりに訪ねたとき、私には個人的に、ちょっぴりうれしいことがあった。ふとそれをもらしたところ、主人フーゴーは衣服を改め、とっておきのブドー酒をかかえて現れた。鈴を振るようなレーマン夫人のひと声で乾杯。手にした小さな錫のワイン杯には、いちめんに美しいレリーフがついていた。

マイセン錫の店
フーゴー・レーマン

「錫工」

彫刻師

世紀のカタログ

古い教会や、古ぼけた建物がお目あてだ。足をとめて見上げる。軒飾りに何やら彫りこまれていないだろうか。壁のくぼみや軒に彫刻が据えつけてあったりする。天使や聖人像が多い。あるいは紋章や商標にあたるもの、記念のしるし、土地に由来の伝説を形にしたもの、いろいろとある。ドイツで街歩きをするときの、ひそかな愉《たの》しみである。

古都ウィーンのケースだが、『ウィーン紋章尽くし』というポケット版の古い本がある。1790年刊。当時はタイトルが、今日の宣伝コピーを兼ねていて、正しくいうと、やたらに長い。ためしに訳すと、つぎのとおり。

『ウィーン市中の建物、並びに郊外の至る所に見られる紋章、彫り物を網羅して、すこぶる信頼のおける、ひとたび開くと二度と手ばなせない案内記』

街歩きのガイドブックである。フランス革命のさなかに、のんきな本が出たものだが、ともかくもそれによると、そのころウィーン市中だけで三位一体像が49、天使像が38、聖人像が62あったという。

数ある聖人のなかでも聖フローリアンと聖ネポムク像がだんぜん多い。聖フローリアンは火災よけの神さまとみなされていたから、建物に取りつけるのにちょうどよかったのだろう。ネポムク聖人は虫歯に強いとなっていたが、そのせいではあるまい。聖ネポムクはボヘミアの守護聖人である。ボヘミア地方から多くの人々がウィーンに移ってきた。ついては故里《ふるさと》の聖人さまをお守りにしたわけだ。

この種の彫り物を見ていくと、街の成り立ちといったものがわかってくる。そもそものはじめは商標として掲げられた。通りの名前や番地が未整備だったころ、もっぱら看板が目じるしだった。靴屋は靴、仕立て屋は鋏《はさみ》、鍛冶屋はヤットコ、馬蹄屋は馬蹄をかたどった彫刻を戸口や軒につけておく。鍵を刻みつけたのはトランク製造であって、頑丈な鍵つきを宣伝した。仕事を請け負ったのが彫刻師であって、古くからの職人芸だった。

永らく厳しい修業をした
世に並びなき彫り物の腕
異教徒の偶像であれど

神かけて供物といたす

テラコッタといったやわらかい人工石が出廻《でまわ》る前は、砂石や木を材料にした。「清らかな水晶」とあって、硬い石にも刻んだようだ。

単に彫ったり刻んだりだけではなく、聖人や天使の像につきものの約束ごとを知っていなくてはならない。ギリシャやローマの神話に由来するものは、当然、よく知られたエピソードを踏まえた上で彫っていく。

うるわしの像に仕上げて
たっぷりと礼をいただく

さきほどあげた『紋章尽くし』は、聖人像のほかにウィーンの街路で見かけた動物の彫り物を数え上げている。獅子《しし》が59、鹿が44、牛が38、これが御三家といったところで、強いもの、あるいは日常したしい動物を刻んだのだろう。

ほかには山羊《やぎ》、ロバ、鷹、カメ、カタツムリ、カナリヤ、象、ラクダ、ニワトリ、一角獣……。路上動物誌といったぐあいだ。イソップやラ・フォンテーヌの寓話、あるいは昔ばなしでは、動物たちが力や勇気や知恵や忍耐の喩《たと》えの役割で登場する。そんな意味をおびて路上に動物たちが現われた。

ニワトリが鏡をもっている、といった図柄を見たことがあるが、鏡は「虚栄」の小道具とされていたから、虚栄心を戒めたものだろう。角突きあっている二匹の山羊は、キリスト教徒が旧教・新教に分かれて争っていたころを風刺して、その愚かさを忘れないように刻んだのかもしれない。建物につけられた彫刻は飾りである以上に、忘れないための記憶装置といった役目をおびていた。人間はとかく、都合の悪いことは忘れたがるイキモノであるからだ。

立ちどまって、しげしげと見つめていると、通る人にいぶかしがられる。町の人は、ほとんど気にとめない。当然であって、毎日のように見慣れたしろものなのだ。

これはまったく、ヒマな旅行者の特権である。ハトに糞《ふん》を落とされたり、ホコリが目にとびこんできたり、なぜか急にハナ水が出たりするが、そういったことを苦にしなければ、意外な発見が楽しめる。

ライン河畔の町ビンゲンの教会だが、内陣、外陣とわず、石柱ごとに顔が彫りつけてあった。聖人風はおなじみだが、その手のものにかぎらない。ひげづら、ノッペリ顔、ふくれっつら、しかめっつら、泣きっつら、高慢顔、おとぼけ顔、笑い顔、小娘、おかみさん、老人――。何十という顔が上からじっと見つめている。

いったい、どのような考えからできたのか。教会側が注文したのか。それとも彫刻師に装飾をゆだねたところ、へんてこな百面相ができ上がったのか。よく見ると、小娘とおかみさんとは親子のようにそっくりで、やさしくほほえみかけている。彫刻師は、妻と子をモデルに顔を彫ったのではなかろうか。

ウィーン旧市街の一角だが、窓のあいだの壁面に奇妙なレリーフがあった。飾りワクのなかに三日月や知恵の輪、ほかに何やらボッテリしたものが浮き彫りされている。モーツァルトが晩年に住んでいたあたりで、たしかフリーメイソンの集まりに出かけたりしていた。もしかすると秘密結社の暗号か何かではあるまいか。

立ち止まり、腕組みしてながめていると、小犬をつれた老婦人が通りがかって、「パン屋」だと教えてくれた。三日月はクロワッサン、知恵の輪は「キプフェル」とよばれる塩からいパンケーキ、ボッテリしたものは人の唇。昔のパン職人は一日かぎりのチラシではなく、何世紀も通用する商品カタログを掲げていた。

彫刻家となると、おごそかな芸術にかかわるが、彫刻師は実用専門であって、こちらの名品は、いたって謙虚である。美術館のように入場券などいらないし、時間がきて追い出されることもない。雨や風にさらされ、自動車の排気ガスをあび、それに古めかしい感じがするせいか、家主にもさして尊重されていない。建物が取り壊されるとき、一夜にして消えていく。

見本帳にもとづいて刻まれたものであれ、歳月がたつと、どこやら威厳めいた雰囲気をおびてくるものである。ある建物入口の彫像は、長いひげをもつ老人の顔をしていた。王冠ともターバンともつかぬものを頭につけている。もともとは何か意味があって取りつけられたのだろうが、意味が忘れられて、謎めいた像だけが残った。

重厚な木の扉に告知板がついていて、建物全体が近く取り壊しになるという。口を噛《か》みしめたような老人の顔は、消えゆくものの悲哀をあらわしているようだったが、栄枯盛衰を超越して、はるかな永遠を見つめているようでもあった。たしか告知板はショッピングセンター計画を告げていたから、謎めいた顔が消え失せ、きらびやかな店に変わったにちがいない。

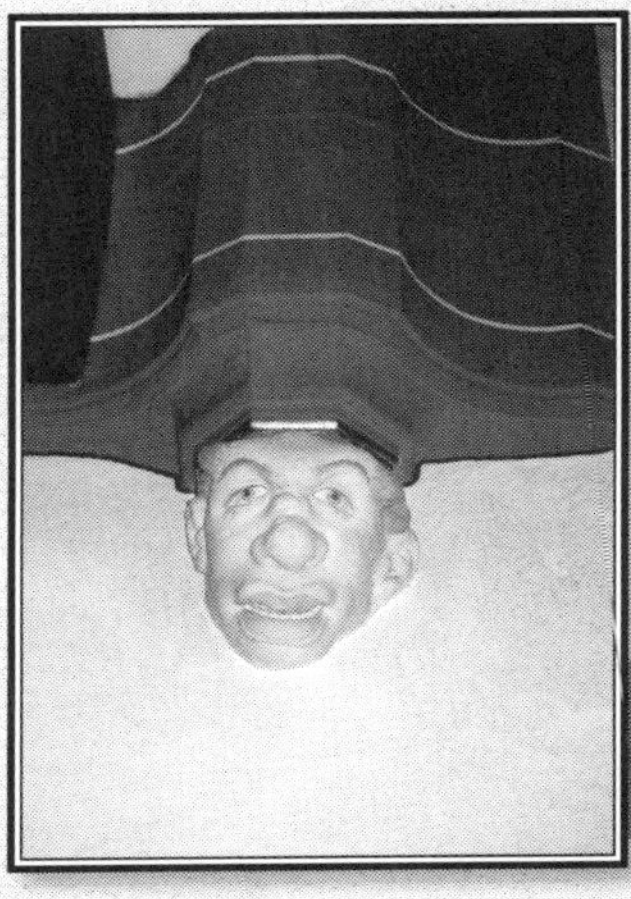

ビンゲンの
聖マルティン教会

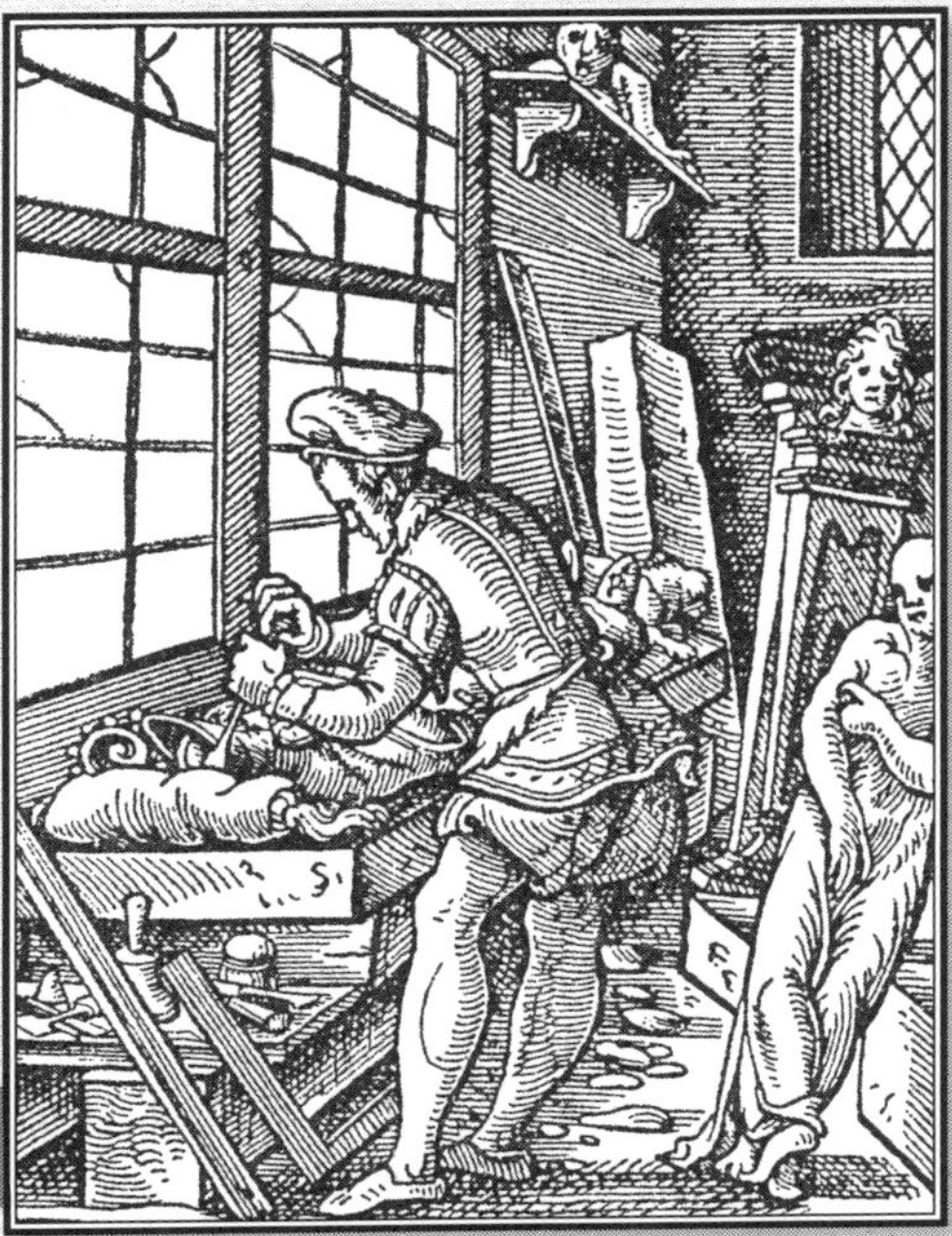

「彫刻師」

角笛とともに

蹄鉄師

グリム童話の一つに「釘一本」というおはなしがある。ある商人が市《いち》で結構な商いをした。品物あまさず売り切って、財布は金貨銀貨ではちきれんばかり。暗くならないうちに帰り着きたい。さっそくトランクに金をつめ、馬にのせて出発した。

途中の町でひと休みした。さて出かけるとなって、馬丁が馬を引いてきた。

「ご主人さま、左のあと脚の蹄鉄《かね》をとめた釘が一本、抜け落ちています」

「かまわん」と主人は言った。あと6時間ぐらいで、わが家に着く。たかが釘一本のこと、それぐらいはもつだろう。

途中でもう一度ひと休みして、さて出発となってわかったが、左のあと脚の蹄鉄そのものが抜け落ちている。

「かまわん」と、またもや主人が言った。あと、たかだか、2、3時間。なんとか馬に我慢させろ。

そのまま出発したところ、ほどなく馬は脚をひきずりはじめ、やがてよろけ、つまずき、ついにはドゥと倒れて脚が折れた。やむなくトランクを下ろし、主従でかついで、帰り着いたのが夜半すぎ。災難のもとはといえば、あの釘一本。蹄鉄屋に立ち寄って、釘を打ち込んでもらってさえいれば、こんなことにはならなかった。

急ぐあまり、手間を惜しんだばかりに起きたこと。だからおはなしには教訓がついている。つまり、「急がば、まわれ」。

馬が人間の足がわり、また重宝な労働力となって以来だから、蹄鉄屋はもっとも古い商売の一つにあたる。アマンにも、むろん登場する。甲冑師と並んで蹄鉄師が掲げられているから、それだけ職分として高かったのだろう。ハンス・ザックスの詩によると、蹄鉄をつくるだけではなく、「馬をつけたり離したり」もした。

けがした馬はおまかしあれ
ハレやできものは
切開して進ぜよう

馬の医者も兼ねていた。詩のおしまいに、ギリシャ神話のキュクロプスが出てくる。一眼の巨人族で、鍛冶仕事にたずさわり、神々に武器を供給する職人とされていた。鍛冶師また蹄鉄師の守り神だったらしい。

アマンの版画ではU字型をした蹄鉄を、2人の男がヤットコでおさえ、金槌で打って強度をつけている。頭上には新品、かたわらのモッコリしたのは鞍のようだ。馬具一般、さらに馬用の水や秣《まぐさ》も、とりあえずの分量は備えていたのではあるまいか。

現代でいえば自動車修理工場兼ガソリンスタンドにあたる。エンジンの故障、タイヤの取り替え、まさしく「けがしたクルマはおまかしあれ」である。そういえばアマンの絵に見る蹄鉄師のいで立ちは、自動車修理のお兄さんにおなじみのつなぎの仕事着とよく似ている。

馬車の旅がひろがるほどに蹄鉄師の仕事もふえていった。郵便馬車の駅には、旅館や薬屋と並んで蹄鉄屋がトンカン、トンカンの音がひびかせていた。

「……グリム氏は僕に、急行乗合馬車で行けば、5日でシュトラースブルクに着くと言って、僕を騙したのです」（海老沢敏・高橋英郎編／訳、白水社）

モーツァルトの手紙、1778年10月3日付の一節。フランス演奏旅行の途中、ナンシーの町からザルツブルクの父親に書いたもの。パリ発シュトラースブルク行の「急行」だといわれたので特別料金を払って乗ったのに、「のろのろ歩きで、馬も替えず」、5日どころか10日もかかることがわかった。

「そこでぼくがどんなに怒ったか、ちょっと御想像ください」

まっ赤になって怒っているモーツァルトは、なかなか想像できないのだが、ともかくも抗議して、特別料金は取りもどした。しかし、泊りを重ねたので、宿代がかかり、経費は結局、同じぐらいに高くついた。

その手紙の後半でわかるのだが、馬車は朝の2時や4時に出る。だから真夜中の1時に起きる羽目になる。

「ご存知のとおり、ぼくは馬車の中では眠れないたちです」

なぜ、そんなに早立ちなのか？「乗合」とはいえ、基本的には郵便と現金を運ぶために始まったものであって、郵便事情が優先された。夜中の2時出発は、この路線の郵便がそういう時間帯で運ばれていたせいだろう。

およそ15キロごとに一つの駅があった。そこで休憩する。軽食をとる。小用をたす。馬に水をやる。ひづめのぐあいをたしかめて、場合によれば蹄鉄を取り代える。馬を替えることもあった。

ドイツの町角のポストに目をとめてみよう。色は赤ではなく黄色、丸型ではなく四角い箱型。その側面に角笛がレリーフになっている。房飾りつきの紐でラッパをつるしたようにも見える。路線を走っているとき、馭者《ぎょしゃ》が高々と吹き鳴らした。これがひびくとき、前の馬車は道をゆずった。対向の馬車は待機してやりすごす。郵便馬車の角笛はパトカーのサイレンのように威力があった。

旧街道筋のドイツの古い町を訪ねると、「ポスト」を名のるホテルがあるものだ。「角笛亭」といったのもある。かつて郵便馬車の御用をつとめていたにちがいない。

とりわけ南ドイツの場合だが、古い看板を注意してながめていると、Taxis といった飾り文字が消え残っていたりする。Thurn u. Taxis のこともある。郵便馬車にゆかりの一族であって、中世このかた、ドイツ南部から西ヨーロッパ一円の郵便をとりしきっていた。郵便、文書、現金を選ぶ。「安全・確実・迅速」をモットーに、みるまに国王や領主の信用をかちえて、並ぶもののない郵便王になった。これと契約して、郵便その他を受けつけ、廻《まわ》ってくる馬車と仲介をした店ごとに、紋章入りの一族の名前を掲げる権利を与えた。

ヘッセン州のフルダは大司教座の町として知られている。中世初期創建の教会が威容を誇り、フルダ神学大学は神学研究のセンターである。

ある初秋の一日、そのフルダの町の広場で、立ち食いのソーセージを食べていたときのことだが、目の前の建物がやや変わっている。赤っぽい木組みのつくりは当地によく見かけるが、壁に点々と大きな黄金のメダルがとりつけてある。合わせてノミを金槌《かなづち》で打ちこんでいる人の絵が見えた。

立ち食いのとき、口はせわしないが、ほかはいたってヒマであって、ソーセージをのっけた紙皿をもったまま壁の文字を読んでいた。楽器屋とのこと。ホルンその他の製作で十九世紀末、また二十世紀初頭に数々のメダルを獲得した。

下の説明板を読んで了解した。「モレンハウアー家」といって、建てられたのは1540年。永らく Thurn u. Taxis のポスト駅として、名のある貴族やフルダの名士たちが出入りした。

「1892〜1993　吹奏楽器製作モレンハウアー&息子たちの店兼仕事場」

十九世紀の半ばごろから、しだいに鉄道網がひろがり、これまでの馬車路線がつぎつぎと廃止された。ポスト駅にもカンコ鳥が鳴いて、それぞれ商売換えをした。軒を接していた蹄鉄師も同じこと。

絵に見るノミと金槌の人は、楽器製作よりも、あきらかに蹄鉄づくりの姿勢である。腕のいい職人が、角笛と縁のある吹奏楽器に転じたのではなかろうか。絵には「登録商標」とうたってあった。五線譜商売に移っても、先祖のトンカンの技術を、きちんと絵解きしたぐあいなのだ。

フルダの旧ポスト駅

「蹄鉄師」

極上のしあがり

皮革師

南ドイツの町ヴォルムスは永らく皮革業の町として知られていた。どうしてそうなのか、かねがね不審に思っていた。

おおかたの人にとってヴォルムスは由緒ある宗教都市である。四つの塔をもつ大聖堂のほか、町にはいくつもの教会があり、マルティン・ルターはこの町において、宗教改革のテーゼを高らかに掲げた。中心地の広場には、ルターを取り巻いて改革者が居並んだ巨大な群像がある。皮革業と宗教都市と、どこでどう結びつくのだろう?

皮なめしは古い職業である。マントや敷物をはじめとして、動物の皮は人間の暮らしに役立ってきた。とりわけ寒い地方では生存のために欠かせない。

馬を乗りまわすには馬具がなくてはならず、馬具は皮革でつくられる。トランク、カバン、帽子、ベルト、靴……生活の要所ごとに皮革が御用をつとめてきた。

アマンの木版画に詩をつけたハンス・ザックスにしても、本業は靴屋だった。足の型をとったり、革を切りとり、糸で縫いつけながら、八行詩や謝肉祭劇を考えた。仕事上でも、いちばん親しい品であって、当然、皮なめしの工程もよく知っていた。

まずは皮を水にひたして
次に石灰液をふりかける
お次は渋の液に泳がせる
仔牛の皮でも同じこと
引き上げたのを乾かして
よく揉み、なめしてから
台にかけて大きくのばす
極上のしあがりしあがり

詩では省かれているが、皮なめしに先立って、皮剝《は》ぎの作業があった。剝いだのを水で洗って、毛抜きをする。そのあと石灰液につけるものと、石灰をまいてから重ねておくものとがある。毛皮の性質しだいだが、そうやって腐蝕される。おのずと強烈な臭気がたちこめる。

それから引き出して、たたきながらなめし液をふりかける。何枚もの皮を積みかさね、上から灰汁をかけ、さらにその上からイチイの枝と土をかぶせる。そうやって寝かせておくうちに肉が溶け落ち、いわばミイラ化した皮がなめし用になるわけだ。

遠い昔から皮革職人は、おおよそこのような工程で皮をなめしてきた。根気のいる仕事だし、作業の大半は穴ぐらで進行する。おそるべき臭気に堪えなくてはならない。それに「炭疽」という職業病があった。通常は死で終わる。たとえ助かっても、顔や体に黒いシミができる。炭疽の抗体が見つかるまで、皮革業はいたって危険な職業だった。

ヴォルムスが皮革の町だったのは第二次世界大戦までのこと、戦後は化学産業にとって代わられた。大戦末期の大空襲で町の大半は破壊されたが、美しく復興した。ロマネスクのドームの前を近代的なビルが占めているが、それなりに調和を保っているのは、ビル全体が淡い色調におさえてあるからだろう。ルターを囲む群像は青サビをふいて、なおのこと荘厳さを増したぐあいだ。

町はライン河畔にひろがっていて、鉄道が通じる前は、川が主要な道路だったのだろう。川岸に「ハーゲン像」がある。中世ドイツ語の表記によると、ハーゲン・フォン・トロンエといって、ニーベルング伝説に出てくる。

「ライン河畔ヴォルムスに一人の勇者がいた」

伝説によると、ニーベルングの宝をラインの川底に沈めたのは、このハーゲンだそうだ。グンター王の家来にして、英雄ジークフリートを殺した人物となっている。

河畔からの広い道が旧市に入るところに城壁が残っていて、上の回廊と見張りの塔がニーベルング博物館になっていた。外まわりは中世そのまま、内部は二十一世紀のインテリア。誰が考えたのか知らないが、上手な生かしかたである。

旧市は卵型をしていて、昔はぐるりと城壁に囲まれていたはずだ。万一のときは城門をかたく閉ざした。城門跡に近いところに、ホテル「ローマ皇帝」の看板。大層な名前だが、建物は二階建てで、ごく小さい。居酒屋を兼ねており、ホテルは片手間のようだ。

大きな名前を僭称したのではなく、ちゃんと歴史をふまえている。中世を通じてヴォルムスは永らく神聖ローマ帝国の帝国議会が開かれたところであって、神聖ローマ皇帝とゆかりが深い。城門に近いホテルは三つ星クラスに相当したのではあるまいか。

疑問を解くには、やはり現場を訪れるのがいい。なぜヴォルムスが皮革業の町だったのか？　何よりも水である。皮なめしには途方もなく水が必要だ。洗う、ふやかす、煮る、染める。どの工程にも、たっぷり水を用意しておかなくてはならない。この点、ヴォルムスにはライン川が控えている。城壁のすぐ近くにあって、太い水脈のつきることがない。

それにライン河畔には広大な牧草地がひろがっている。いわば皮革の材料が草を食べているわけだ。仕入れ先が近くにあり、しかも船という格好の輸送手段があった。

さらに帝国議会都市として、国中のお歴々がやってくる。かつての議会は何カ月も長々とつづいて、その間、人々はおたのしみや買物に精出した。古今を問わず、革製品は殿方・淑女がたの人気ものである。

ドームの裏手の城壁沿いが公園になっていて、そこにブロンズの像があった。皮なめし職人の姿をかたどったのだろう。上半身はだかの男が、大きなヤットコのようなもので皮を引き上げているところ。かつての主産業を記憶にとどめるため、1924年に建てられた。戦争中に行方不明になったので、1993年に再建したという。

たくましい男性像につくってあるのは、それだけ厳しい労働だったからだろう。腐った獣の皮を剝ぐ。なめし液や染料で煮たてる際、有毒性のガスが出る。腐食性の液体を混合するには細心の注意が必要だ。ちょっとしたカスリ傷からでも細菌に侵されないともかぎらない。

美しい敷き物やハンドバッグを生み出すまでに、気の遠くなるような労苦が費やされた。それだけになおのこと、皮革師には自信と誇りがあった。たくましい記念像がそのことを示している。

ヴォルムスには大聖堂や改革者群像のほかにも、ひそかな名所がある。旧市の西かたにあるユダヤ人墓地は「聖なる砂」と呼ばれ、ヨーロッパで最古のユダヤ人墓地とされている。ヘブライ文字でしるされた墓石のうち、古いものは十一世紀に由来する。

旧市の北のはしにはシナゴーグ（ユダヤ教会堂）がある。その辺りは旧ユダヤ人地区だった。ナチス・ドイツの時代、１９３８年に起きた「水晶の夜」の焼き打ちにあって破壊されたが、１９６１年にシナゴーグとともに再建された。

高価な皮革を扱うには、国や都市をこえて全ヨーロッパ的な販売システムがなくてはならない。ついてはヴォルムスのユダヤ商人たちが手広く営業を担当していたのではあるまいか。

地元の研究者による『ヴォルムス皮革の歴史』といった本はないものか。そんなことを思いながら本屋を探して商店街を歩いていると、「１€ショップ」と出くわした。わが国の「１００円ショップ」と似たもので雑多な品が所せましと並んでいる。

「ホンモノの皮」

そんな標示の財布があったので、手にとってよく見ると、「ホンモノの皮」に勝るとも劣らない人工皮とのこと。今日の皮革業は、もっぱらレトリックで商いをしているらしい。

ヴォルムスの
皮革職人像

「皮なめし」

融和の精神

棟梁

ドレスデンの聖母教会が再建され、完成記念の献堂式のミサが全ヨーロッパに報道された。一つの町の一つの教会が、どうして大きなニュースになったのか？

ごぞんじの人も多いだろう。第二次世界大戦の災禍をつたえる生き証人だった。１９４５年2月13日から14日にかけての夜、英米軍爆撃機が大編隊を組んで飛来し、三次にわたって途方もない量の爆弾を投下した。死者３万７０００人。一説には6万余ともされている。市民のほかに、多くの避難民がいたからだ。死者の大半が女や子ども、老人たちだった。

ヒロシマ、ナガサキとならび、大戦末期に起きた「無意味な殺戮」といわれている。「エルベ河畔の宝石」とうたわれた古都が、一夜にしてガレキの山になった。

戦後の復興のなかで、聖母教会だけがガレキのままに残されていた。ヒロシマの「原爆ドーム」と同じように、戦禍の証人役としてである。半壊したままの壁がそびえ、半欠けの聖人像がころがっていた。

十一世紀の古文書に言及されているから、ザクセン王国きっての古い教会だったのが、十八世紀前半にプロテスタント教会として建て直された。「ドレスデン眺望」といった古版画にはきっと、美しい円蓋をもつ建物が描かれている。

設計はゲオルゲ・ベール。当時、知られた教会建築家だった。四角な方形のお堂の上に半円の帽子のようにしてドームをのせた。高さ95メートル、直径23・5メートル。このたびの再建にあたり、かつての姿のままに甦《よみがえ》った。

いまゲオルゲ・ベールを「教会建築家」と書いたが、当時の人は、そんなものものしい言い方をしなかったと思われる。ドイツ語でバウマイスター（Baumeister）、日本語では「棟梁《とうりょう》」というのにあたる。現場の人にとっては親方（マイスター）である。

ザクセンの町や村に、同じベール作の教会がいくつかあるから、小さな教会で腕を上げ、しだいに名が知られて、王国の首都からお呼びがかかったのだろう。死の少し前に完成。ドレスデンの聖母教会によって、「バロック時代を代表する建築家」として歴史に名を残した。

四方形に配置された八つの支柱が巨大なドームを支えるかたち。ドーム内部蓋の壁画は彩色画で埋めつくされ、さまざまな天使たちが舞っている。ステンドグラスから射し込む玄妙な光のなかで、まるで神の王国に立ち入ったような思いがする。バロック人は石の建物による光と色の戯れを好んだが、これは二十一世紀ハイテク時代の演出法と瓜二つであって、この点でも元どおりの再建は理にかなっている。

代表作が寸分たがわず甦るなんて、ゲオルゲ・ベールはとびきり幸運な建築家というものだ。たいていの場合は、名が残らない。あるいは名はつたわっても、建物はまるきり別のものになったり、増築され、みるも無惨に変形した。

アーヘンの大聖堂はドイツにおけるユネスコ世界文化遺産第一号だった。「カール大帝礼拝堂」とも呼ばれるのは、九世紀初頭にカール大帝の墓室が置かれたからだ。建物はさらに一世紀あまり前にさかのぼり、オード・フォン・メッツが建てた。

ただし、これは半ば伝説であって、メッツという名の棟梁がいて、現場の指揮をとったらしいが、人物自体もよくわからない。八角を基準にして大きなドームをもち、もともとはずっとすっきりしたスタイルだったのだろうが、のちに側室や宝物館が加えられた。

ヒルデスハイムの聖ミヒャエル教会、マインツの大聖堂、チューリンゲン地方の名刹《めいさつ》クヴェートリンブルクの聖セルヴァティウス修道院教会、マウルブロン修道院、バンベルクの聖ペーターとゲオルク教会、ケルン大聖堂……。

いずれも世に知られた建物として、あるいは町全体が世界文化遺産に登録されている。しかし、誰が建てたかについては、おおかたが不明である。建物が発議され、聖職者評議会といったところが慎重に審議した。

石でもって「神の館」をつくる。時代を越えて神の栄光をつたえるもの。何年もの、あるいは何十年もの工期と膨大な費用がかかる。念入りな審議が必要であり、とりわけ誰に工事をゆだねるかが問題だ。

創建時の建物に設計者などの個人の記録がないのは、集団で仕事をしたからだろう。たいていはイタリアから専門家を招き、その指示のもとに聖職者・俗界・石工組合の代表がチームを組んで仕事にあたったようだ。

神の館をつくるのであれば、私人がしゃしゃり出るなど、もってのほか。個人なり署名なりがモノをいいだすのは、ようやく近代にいたってのことである。工匠たちは大事業を仕上げたのち、そそくさと荷物をまとめて立ち去ったにちがいない。

名がつたわらなくもないが、きまって奇妙な物語とからめてのことだ。有名なケルンの大聖堂は、九世紀につくられた教会が火災にあったのに際して、十三世紀の半ばに、「ドイツ最大のカテドラル」として発議されたのにはじまる。アミアンの聖堂を手本にして、1248年に起工。約30年後に一部が完成。だが、そのあとは遅々として進まない。巨額の建築費にねをあげ、市民たちが反対運動をして、以後200年あまり工事が中断。造りかけの塔や、風雨にさらされた壁が、みじめな姿をさらしていた。

この間のことだが、「アミアンの棟梁ゲルハルトなる者」が、ときの大司教に請願して、工事再開の許可を得た。浄財が集められ、ライン川の船便が石と人とを運んでくる。

本来は何代にもわたる大工事を、この「ゲルハルトなる者」は、わが身の栄光と名誉のため、自分一代で完成させようとした。そのために悪魔の力を借りた。とどのつまりは悪魔との賭けに敗れ、足場の上から身を投げた。工事が再び中断されたのち、夜ともなるとゲルハルトの亡霊があらわれ、嘆きの言葉を呟《つぶや》いていたという。

人間の驕《おご》りと名誉欲を戒めるためにつくられたおはなしだろうが、中断された工事現場が、亡霊に打ってつけの荒涼とした雰囲気をもっていたのも事実だろう。ときの政治やカトリック内部の事情、ライン川沿岸の諸都市の思惑がかかわっていたのではなかろうか。

記録にみる工事再開は１５６０年だが、財政負担でモメたりして、やはり順調にはいかなかった。十九世紀後半になって一気に完成したのは、おりしも日の出の勢いのドイツ帝国の力だった。

１９９０年、永らくガレキの山だったドレスデンの聖母教会が、ケンケンガクガクの議論のあげく再建と決まった。ドイツ統一と融和の精神の象徴としてである。ガレキをよりわけ、一つ一つ分類していく。気の遠くなるような作業ののち、１９９３年に工事がはじまった。費用は世界中からの寄付でまかなう。この点でも「融和の思想」にもとづいている。

1995年に訪れたときは、足場が組まれた矢先だった。焼けただれた石やカケラに数字がふってある。それを元どおりにはめこんでいく。

「大きな理念を実現するために建築主を求めています」

仕切りの網にスローガンが掲げてあった。コーヒー一杯分の寄付で「建築主」になれる。スローガンとともに、バロックのころの絵に見る美しい聖母教会がパネルになっていた。

2003年に再びドレスデンを訪れたところ、四方の壁が高々とせり上がり、ドームにかかる矢先だった。そのときはテレビの手伝いを兼ねていて、ヘルメットをかぶり、現場主任といっしょに足場をのぼっていった。

上までのぼりつめ、いずれドームに覆われるはずの渡り板に立ったとき、たどたどしいドイツ語で述べた。

「ここに立てるのは、天使たちとボクたちだけですね」

とたんに現場主任がトロけるような笑顔をみせた。それまで多少なりとも無愛想だった人がニコニコ顔になり、1時間とかぎられていた予定が、3時間にわたって丁寧に案内してくれた。どうやら目に見えぬ天使が助けてくれたらしいのだ。

現在のドレスデンの
聖母教会

再建中の
聖母教会
（1995年）

慰めと祝福

オルガン奏き

冬のドイツは寒いし暗いといってイヤがる人が多いが、とんでもない。ひっそりした街をたのしむなら冬場にかぎる。

ホテルは安いし、人が少ない。毛糸の帽子を頭にのせ、オーバーのポケットに両手を入れて、クリスマスの買物客にまじりこむのはいいものだ。広場につくられるクリスマス市《いち》には、わが国の甘酒に似たものを売っていて、湯気につつまれながらすすりこむと、全身があったまる。

夜明けが遅く、日暮れが早いから昼は短いが、そのかわり夜が長い。芝居やコンサートがどっさりある。知恵を働かせば、タダのような値段でオペラハウスにもぐりこめるのだ。

通りを歩くとき、ポスターに気をつけている。広告塔に出ていることもあるが、ときには小さな貼《は》り紙がピンでとめてあるだけ。

「オルガン演奏、バッハ、ヴィヴァルディ、ほか」

演奏者にプロフェサーの肩書がついていたりする。場所は教会とか修道院付属の会堂。たいていは入場無料。あるいは「チケットは当日の1時間前より入口で販売」といった断りがついている。1時間前に出かけて行くと一番乗りで、まだ受付の人もきていない。

主だった教会ではきっと、定期的にオルガン演奏会が開かれている。信者に対するサービスだろうが、パイプオルガンという楽器のためでもあるのではなかろうか。常時動かしていないと音程が悪くなる。

専属のオルガニストがいない場合は、教区の音楽の先生がかり出される。だから演奏者がプロフェサーであったりするわけだ。

オルガンはギリシャ語、またラテン語の「オルガヌム（器官）」から派生した言葉であって、そのことからも、これがいたって特殊な装置であるのがわかる。まるで人体のように、いろんな器官をそなえ、人が呼吸するように空気を送りこんで音を出す。

古典ギリシャ時代にすでに、オルガンにあたる楽器があったらしい。教会がこれを利用しはじめたのは八世紀ごろというから、ずいぶん永い歴史をもっている。十四世紀の初めにペダルの仕組みが取り入れられて、音量が一挙に大きくなった。

現在みるような大きなパイプオルガンが登場するのは、十七世紀から十八世紀にかけてのこと。オランダや北ドイツがオルガンづくりの本場とされてきたのは、多くの腕のいい職人がいたからである。

アマンの版画には、世俗で使われた小型のものが描かれている。男女一組の音楽師で、男はリュート、女性がオルガンを受けもち、注文の場に出かけていた。

婚礼のあとの宴会は
われらが引き立て役
やさしい音色をひびかせて
客をたのしませ
祝いと喜びを高めていく

上に金属の筒が並んでいる以外は、小学校の音楽室にあったオルガンとそっくりだろう。女性の足元はよくわからないが、ペダルを踏んでいるにちがいない。

小学校のオルガンには、ちょっとした飾り絵がついていて、何やら華やいだ雰囲気をもっていたものだが、素朴なかたちでオルガン本来の姿をとどめている。アマンの版画では派手やかな装飾がついているが、教会の大オルガンの作法どおりであって、まさに人体をアクセサリーで飾るように、空気を吸って音を出す器官には、台座をはじめとして、つねづね華麗な装飾がほどこされてきた。

オルガン史上でもっとも著名なオルガン奏《ひ》きは、アントン・ブルックナーではあるまいか。上部オーストリアの貧しい家に生まれた。音楽好きの少年だった。修道院付属の教会づきの少年合唱団より始め、声変わりしてからは助手になり、25歳のとき、聖フローリアン教会専属のオルガニストに採用された。

10年あまりしてリンツの聖堂に転任。40をこえても、しがないオルガン奏きだった。鼻の下に小さな口があり、その口をすぼめ、ミサごとに神妙な顔つきでオルガンを奏いていた。

ブルックナーが作曲家として認められるのは、ようやく40代半ばからである。モーツァルト型の早熟な天才が多いなかで、中年すぎてようやく本来の才能を発揮したほとんど唯一の例外だった。

世の栄誉にはあずかったが、愛においては恵まれなかった。一つにはブルックナー自身のせいもある。27歳のとき16歳の娘に求婚して断られた。42のとき、17歳の娘に恋をした。68のときにも16歳の娘に求婚した。

おずおずと、やさしみあふれる恋をして、何十度となくためらったのちに求婚し、断られ、そのたびに途方にくれた。とびきりナイーヴで、誠実で、ことのほか不器用だったこの人は、天使のような娘に恋しつづけ、さっぱり愛の返礼に恵まれなかった。いつもひとりぼっち、そしてさびしく老いていった。

死が近づいたころ、アントン・ブルックナーは住みなれたウィーンを去って、聖フローリアン教会を訪れ、ひっそりとオルガンを奏いて過ごした。おそらくはオルガンこそ、愛に不運づくめだったこの人の、すべての憧れと、すべての苦悩を、やさしく受け入れてくれる「恋人」だったのだろう。死後、遺言により、その恋人の足元に葬られた。

定期演奏会などではなくても、ミサに出かければオルガン演奏にありつける。若いころウィーンに留学していたあいだ、信者でもないのに教会に通った。お説教がドイツ語の聞き取り練習にうってつけであって、無料で耳の勉強ができる。それにミサの最中は立ったりすわったりするので居ねむりをしないし、正調のオルガン演奏に立ち会える。

その後も通りを歩いていて、教会にさしかかると聴き耳を立てている。かすかにオルガンの音色がしていると、そっとドアを押して入り、椅子《いす》にすわっている。音楽学校の生徒が練習をしていることがある。教会からたのまれて専門家が音の調律にきたといったケースもある。ときには町のオルガン好きが奏いている。ひとけないとき、こっそり狭い廻り階段を上がり、演奏席からパイプの列を見上げたこともある。

見れば見るほど不思議な楽器である。専門的にはパイプをはじめ、「器官」のすべてに人体にも似た名前がついているそうだ。教会がとりわけこの楽器に目をつけた理由がよくわかる。石づくりの神の館の高い天井に反響して、音が上から降ってくる。さらに建物自体を大きな反響板にして足元からもわき起こる。

オルガンは教会ばかりではない。巷《ちまた》にも、べつのオルガニストが出没する。日曜日の町の広場などに、手廻《てまわ》しオルガンが登場する。小さなパイプを内蔵した箱を手押し車にのせ、派手な服に山高帽のおどけ役が引いてくる。オルガンに太鼓やシンバルがついていて、ひとしきり騒いでからオルガンになる。広場にひらけた広い空に、やわらかな音が流れていく。手廻しオルガン奏きとはあちこちで出くわしたが、いつも何を商っているふうでもなかった。オルガンはどうやら、人を慰め、この世を祝福する楽器らしいのだ。

リューベックの教会のオルガンの飾り絵

「オルガンひき」

空から海まで

鐘師

ドイツに着く。あくる朝にまず聞こえるのは、時を告げる鐘の音だ。旅先の興奮のせいで3時、4時あたりから数えることもある。

日曜日だと、早朝ミサを告げる鐘が晴れやかにひびいてくる。大きな町ではいくつもの音色がもつれ合って、独特のハーモニーをつくっているものだ。高く乾いた音、重々しく低い音、鳴り終わったあとも澄んだ余音が耳の底に残っている。

教会の鐘にかぎらない。市庁舎などの公共の建物や記念の建造物などでも、塔があるところには鐘がつきものだ。ドイツの津々浦々、またドイツにかぎらずヨーロッパ全体で、いったいどれほどの鐘があるものだろう。いずれも平和の鐘として、もの静かに時を告げ、日々のやすらぎをになっている。

当然のことながら「鐘師」とよばれる職業があって、鐘をつくってきた。鐘自体は非常に重いものなので、遠くへ運ぶのは大変だ。現在はともかく、かつては地方ごとに鐘師がいて、近郊近在の需要に応じていたのではあるまいか。音色《ねいろ》だけでなく、外観についても注文がつく。教会の守護聖人や聖書のシーンを刻んだり、土地にゆかりの伝承をおりこんだり、寄進者の名前や似姿をあしらったり。

そのせいだろう、版画にそえられたハンス・ザックスの詩も、「あれもこれも鐘師は大わらわ」といった出だしになっている。版画には聖人像のついた鐘が見え、ラテン語の聖句らしいのが刻まれている。ハンドルのついた車輪状のものは、運び出すとき吊り上げるための道具にちがいない。窓際で仕事台に向かった鐘師の背中が見える。

ここまではいいのだが、つづく三行が異様である。

いっせい射撃の小銃も
ズドンとうなる大砲も
われら鐘師の鋳《い》あげ物

鐘のかたわら銃や大砲をつくる。アマンの絵でも、鐘のわきに大砲の砲身が横たえてある。あとは大小さまざまな金属壺。たしかに青銅を鋳る技術よりすれば、平和の鐘も戦争の武器も同じことである。

ハンス・ザックスは、ごく当然のように述べている。故郷のニュルンベルクにも鐘師がいただろう。背を向けた親方のかなたに城壁がのぞいているが、こころなしかニュルンベルクの城壁に似ている。青銅の鋳造には大量の火や水が必要だ。町の中だと危険なので、鐘師の工房は、城壁を見はるかすかのような郊外と相場が決まっていたのではなかろうか。

平和産業にして戦争稼業でもある。世の雲行きがあやしくなって、戦《いく》さのけはいになると、ドッと銃器の注文がくる。戦争が始まれば、なおさらのことだ。ようやく戦さが終わり、平和が訪れると、鎮魂のための建物が発議される。あるいは消失した教会再建となって、このたびは鐘の依頼がくるわけだ。おもえば鐘師は人間の二面性を一身にあらわしている。

鐘も大砲も材料は同じである。とすれば、相互に融通し合うのが手っとりばやい。鐘を鋳つぶして大砲をつくる。あるいは大砲変じて鐘となる。古い歌謡に「鐘との別れ」といったテーマのものが沢山《たくさん》あるが、領主の命令で村の教会の鐘を差し出すことになったのだろう。あるいは敵に戦利品として持ち去られる。聞きなれた鐘の音を失う悲しみをうたっている。

ケルン大聖堂の鐘のことをお伝えしておこう。十二世紀に起工された大工事が、十九世紀末にやっと完成するにあたり、当時、世界で最大重量の鐘がつくられた。帝政時代にふさわしく、名前は「皇帝鐘（カイザーグロッケ）」。普仏戦争の際にフランス軍から奪った大砲を鋳造して製作した。

なにしろバカでかい鐘であって、鋳造は二度失敗し、三度目にやっと成功した。鐘楼につるして打ち鳴らしてみると、なぜか予期した音色には程遠い。やむなく、それっきり二度と鳴らされなかった。口さがない人々は「ケルンの声（シュティメ）」ならぬ「ケルンの黙り屋（シュトゥメ）」と言いそやした。第一次世界大戦に際して大鐘は溶かされ、ふたたび大砲に鋳直された。人間はまったく、悪魔でも思いつかないことをするものである。

「鐘との別れ」といった古歌のほかに、水に沈んだ鐘の伝承がある。各地につたわっていて、作家シュトルムはそんな一つをモチーフにとりこんだ。鐘が実際に水中に沈められたせいであって、奪った者たちからいえば、そうやって保存しておいて、何かのとき引き上げて利用する。

さらにもう一つ、特異な利用法があったからだ。つり鐘をゆっくり水に沈めると、鐘の中に水が充満することはない。空気圧によって空気が確保され、水は入ってこない。川底や海の底に向けてつるすと、潜水した人が呼吸できる。潜水夫に空気を供給して、より長く水中にいられる。

実用化された「つり鋳型潜水器」については、十八世紀ドイツの学者ヨハーン・ベッグマンが『西洋事物起源』のなかでくわしく述べている。沈んだ船に積まれていた財宝といった話はよくあるが、その種のことが発明欲を刺激したらしい。つり鐘型潜水器は幻の財宝の噂とともに、つぎつぎと新型が登場した。改良されるうちに大きくなり、つり鐘がつねに直立して沈むように工夫され、頂部には光を入れる強化ガラスがつけられていた。

ある人物の場合だが、積荷を引き上げるために出資者をつのって会社をつくり、新しい潜水器で挑戦した。

「初めのうちはすべてが徒労に終わり、ついに彼の忍耐もほとんどこれまでという時に、幸運にも……」

かなりの宝物を引き上げた。しかし、それはめったにない例外で、多少の収穫はあれ、とうてい投資額にみあわないのが大半だった。実用例をあげていくと、その種のことばかりなので、学者ベックマンは書いていてウンザリしたのだろう。

「さて、つり鐘型潜水器を用いた例をさらにあげるのはやめにして、後の時代にそれを改良するのに努力した人々のことを述べよう」

しかしその後も水中の宝に対する欲望が夢をふくらませ、それが発明を促した点は変わらなかったらしいのだ。

南オーストリアのドブラッチュ山は巨大な岩山で、ヨーロッパで一番の高所にある教会で知られている。十七世紀初めの大地震で岩山が崩れて、麓《ふもと》の村で多くの死者が出た。その人々のために建てられた。

　現在はハイキングコースになっていて、見晴らしがいい。スロベニア・アルプスとよばれる山々が雄大につらなっている。私が訪れたときは、教会で年に一度の祭りが開かれる直前のことで、教会守りが掃除をしていた。三角屋根の鐘楼から下りてきた人にすすめられ、鐘の突きぞめをしたことがある。狭い階段をのぼりつめ、危なっかしい台にしゃがみこんだ。撞木を握って、はじめはそっと当てたところ、ささやきのような音だった。つぎに力を入れると、腹にひびく音になった。下から「ブラーヴォ」とほめられた。

「鐘師」

第4章

けむりの行方

けむりの行方

タバコ商

列車でドレスデンに向かうと、中央駅に近づいたころ、不思議な建物が見えてくる。巨大なドームをもち、かたわらに「ミナレット」とよばれる塔をそなえている。ふつうドームは丸いものだが、これは頭をつまんで引っぱり上げたかたち。塔はあざやかな紅白のストライプで飾られている。

エジプトやトルコのモスクに似ているが、それにしては塔のつくりが派手すぎる。ドームはガラス製で、複雑なデザインがほどこされ、それに六階建ての建物自体が赤っぽいレンガ造りで、およそモスクらしくない。

1週間ばかりドレスデンで過ごしたとき、エルベ川沿いを歩いてガラスの大頭を目じるしに訪ねたところ、ことが判明した。タバコ会社の支社だった。タバコ会社が買って支社にしたというのではなく、もともとタバコ工場として造られたもの。

「レクラーメ（広告）のため」

受付の青年がそんなふうに教えてくれた。どうしてイスラム風がタバコの宣伝になるのか？　青年によると、自分たちはアメリカ・タバコだが、年寄りはトルコ産を好んだという。タバコはオリエント（中近東）物にかぎるとされていた。ドレスデンはドイツのタバコ産業の中心であって、その象徴としてタバコ商人がモスク・スタイルの工場を建てた。

あとで調べると、たしかにそのとおり。鉄道が整備された十九世紀の70年代以後、ザクセン国の首都とバルカン半島がレールで結ばれ、タバコの葉が大量に送られてくる。ドイツの主だったタバコ会社は、あいついでドレスデンに工場をつくり、生産にのり出した。

フーゴ・ツィーツというタバコ商がいた。おそらく近代的な広告・宣伝の重要さを、よくこころえていたのだろう。トルコ・タバコの栽培地として知られたイェニッツェ村を、そのまま会社名にして、銘柄は「モハメッド」「バグダッドのカリフ」。人々がおぼつかない知識で抱いているオリエントのイメージをタバコの名前にした。

さらに新工場を建てるにあたり、ドレスデンがタバコの街であることをひと目でわからせるようなランドマークを考えた。１９０９年、建築家マルティン・ハミッツ設計による「タバコ会社イェニッツェ」が完成。モスク風の建物は会社の商標ともなり、ポスターやタバコの箱、パンフレットに刷りこまれた。ひところドイツのタバコ店には、ガラスのドームをもつ工場の模型が店先に飾られていた。

タバコはコロンブス一行とともに、アメリカからヨーロッパにもたらされたとされている。コロンブスの随行者が書きとめているが、新大陸に上陸すると、その他の男や女たちが手に火の出る石をもち、「芳香をはなつ草」を味わいながら談笑していた。そのとき見かけたY字型の喫煙具を「タバコ」と名づけたのが、そもそものはじまり。

「ドイツにおける喫煙の歴史」といった本があるかどうか知らないが、十七世紀の半ばごろから、しきりに「タバコ禁止令」が出ているところをみると、そのころすでに一般に普及していたらしい。私的なたのしみを法令でおさえられるはずがない。プロシャのフリードリヒ大王は1764年、「公道におけるタバコ禁止」のお布《ふ》れを出した。せめて道路でスパスパするのはやめておくれ。

ニコチンの害ではなく、火事の恐れからだった。紙巻きたばこはまだなく、キセルやパイプにつめて喫《す》う。丸まった火玉がころがって、しばしば火事を引きおこした。

そのうち国は禁じるよりも儲けることを考えた。管理を一元化して、うんと税金をかける。どんどん喫ってくれれば国庫がうるおうわけだ。1797年、プロシャが口火を切って専売制を開始。ただし日本がとっていたような専売公社ではなくて、国の監督のもとに民間会社が生産・販売をする。うまいやり方である。国は税金さえ取ればよかった。

ドイツ・ロマン派の作家ホフマン（1776〜1822）は、酒好きであるとともにタバコも大好きだった。そのため小説のなかにしばしば、タバコを喫っているシーンが出てくる。「従兄《いとこ》ときたら、ゆったりしたワルシャワ風のガウンを着こみ、〝トルコ式日曜パイプ〟というやつでタバコをふかしていた」

晩年の作の一つ『隅の窓』では従兄として出てくるが、ホフマン自身の姿だった。〝トルコ式日曜パイプ〟は、タバコ会社が「日曜日はタバコの日」のキャッチコピーで売り出していた商品で、ホフマンも愛用していたのだろう。十九世紀のはじめごろ、ドイツ人にとってはトルコ・タバコが主流であったことがうかがえる。

飛躍的に喫煙者がふえるのは、紙巻きタバコや葉巻が出まわってからである。その点でいうとタバコは、二十世紀が生み出した嗜好品《しこう》といっていい。ドレスデンに完成したモスク風のタバコ工場は日産12万本の生産を誇り、従業員は1200人。ふつうのタバコは機械で製造したが、べつに高級タバコがあって、それは熟練工の手づくりだった。

ガラスのドームには照明がついていて、夜になるときらめくような光を放った。新工場を訪れた新聞記者が報告している。

「ドームの三階からは古都ドレスデンが眺望でき、そこにはまた休憩室があって、ソファや安楽椅子《いす》が60ばかり用意されている」

タバコ産業が黄金期を迎えようとしていたときであって、時代の最先端をいく工場だった。1920年代から30年代にかけて活躍した画家G・グロッスは、両大戦間のドイツの風俗を「ベルリン群像」といったシリーズで描きとめたが、そこでは人々が口にしているタバコによって、ひと目で生活ぐあいがわかるようになっている。

敗戦後の混乱に乗じて、ぬれ手に粟の荒稼ぎをした連中は、きまって手に太い葉巻をもっている。つましい暮らしの人は細い紙巻きタバコ。おりからの大インフレで預金までそっくりなくしてしまった市民たちが、往来でタバコの吸殻をひろっている。

しきりに「タバコの害」がいわれる現在、ドイツのタバコ産業はどんなぐあいなのだろう。気のせいか町角ごとにあったタバコと雑誌の店が、めだって少なくなったような気がする。あるいはそれともタバコを喫わなくなったので、目にとまらないだけのことなのか。

ドレスデンは第二次世界大戦終了の直前にイギリス・アメリカ空軍の大空襲を受け、古都がガレキの山になった。イェニッツェ工場のドームもまた炎上した。1966年、新しくガラスがはめこまれて、両袖の小塔も復元された。聖母教会のドームが修復されたのは二十一世紀になってからのこと。タバコは聖母さまより40年ばかり先に復活した。

建築家ハミッツはカイロのモスクと、オスマン帝国のころの塔をイメージして設計したそうだ。のちに奇抜なつくりが気恥ずかしくなったのだろう。「若気のあやまち」と述べている。

百年後の現在では、遊園地の建物を思わせ、なかなか楽しい見ものである。

かつてタバコが大人の遊園地だったとすると、まさにぴったりの建物であって、ドレスデン市は観光コースに採用してもいいのではなかろうか。

ドレスデンの
タバコ会社の
ショーウインドウ

G.グロッス
「群盗」シリーズ
より。1923年

金融の歴史

金貸し

金貸しはイヤがられた。シェイクスピアの『ヴェニスの商人』に登場するシャイロックでおなじみだろう。初めてわが国に紹介されたとき、当時の作法どおり、人名も地名も日本風に訳されていて、そこではシャイロックが「欲張源八《よくばりげんぱち》」になっている。

つまり、そんな人間の稼業とみなされていた。シャイロックは欲張りなユダヤ人で、高利で金を貸し、巨万の富を得ながら、ついぞ人にあわれみをかけようとしない。そんな金貸しが、まさに当人の悪だくみの逆手をとられ、勇気あるキリスト者にやっつけられる——。

シェイクスピア個人の考えというよりも、時代がもっていたイメージに合わせたまでだろう。シェイクスピアその人については、謎につつまれているが、伝わるところの生涯が正しいとすると、「ドイツ職人尽くし」に詩をつけたハンス・ザックスとほぼ同時代の人である。ザックスでもおよそ同じような金貸し像がうたわれている。

ユダと呼ばれるそのわけは
担保の半値しか貸さぬせい
期間切れでひっかぶっても
儲けはたんまりいただきだ

実際、貸すにあたっては、ずいぶん高利であったようだ。それというのも金貸しにいわせると、借りにくる人間のたちが悪い。怠け者のくせに飲み食いやバカ騒ぎが大好きときている。とても信用できない。

その手の連中がワンサといて
取引のとだえるおそれはない

「職人尽くし」の順でいうと、金貸しの前が「商人」、後が「貨幣師」。もっともな順序である。商人は品物を扱い、その上に利益をのせる。商法のしくみの点で、とりたてて金貸しと変わりはない。そういえば『ヴェニスの商人』の第十八幕第三場、商人アントーニオがシャイロックから金を借りるくだりだが、支払いは大丈夫、保証できる。自分の船が船荷を積んでもどってくれれば、それがすぐさま「九層倍」になる。

さすがにシェイクスピアであって、きちんとこのことも言っている。船荷一つが九層倍からにもなるキリスト者の商売は、高利貸しとさして変わりはないだろう。

それはともかくとして、金貸し業の商品にあたる貨幣のこと、それが「貨幣師」のところで述べてある。「中身も重さも正当無比」そんな貨幣を鋳出するのが仕事である。

「グルデン、クローネ／タレル、バッツェン／クロイツァー、ペニッヒ／おなじみのトゥール銀貨」

何であれ刻印正しく、精巧につくってみせるというのだ。ここでは7種ばかりあげてあるが、ドイツは永らく多くの王国や公国に分かれ、さらに50もの「自由都市」があった。それぞれが国王や大公の肖像なり紋章入りの貨幣を発行していた。貨幣はそれ自体の単位以上に金銀の純度が問題である。単位は大きくても純度が悪いと、悪貨として受け取ってもらえない。そのせいだろう、「貨幣師」につけられたアマンの絵には、監視役のような男が窓からじっと職人の仕事ぶりを見つめている。

貨幣には純度と並んで、もう一つ、流通価格がモノをいう。金貸しはおのずと通貨の価値をよく知っている。知っていなくてはならない。ときどきの交換価値だけでなく、発行元の台所事情にも通じており、将来の変動を予測している。下落の兆しを感じとると、さっさと手離し、上昇のけはいがあれば金庫にそっと収めておく。

金貸しとはいえ、怠け者のくせにバカ騒ぎの好きな「その手の連中」に貸すのはほんの小口の商いで、おおもとは両替だった。変動をあてこんで、貨幣を動かす。中世から近代の初めまで、金貸し業者は戸口に赤や黄の標識をつるしていた。「金の融通、また両替いたします」のしるし。

金貸し・両替商人は金融のプロであって財務にくわしい。となると王国や公国の財務官が相談にくる。どの国も台所は火の車で、やりくり算段に追われている。また取引にあたっても安全な通貨を見きわめなくてはならない。無数の貨幣が出廻っており、甘い誘いにのせられて悪貨をつかまされてはかなわない。

十八世紀の30年代ごろからだが、ユダヤ人の金貸し業者が宮廷に登用されはじめた。いちいち呼び寄せるよりも、これと見込んだ人物を財務顧問として召しかかえておくほうが早道である。一般には「ホーフユーデ（宮廷ユダヤ人）」と呼ばれていた。財務の知恵袋として宮廷に入りこんだユダヤ人たちのことだ。

とりわけヨーゼフ・ジュース＝オッペンハイマーが有名である。1733年、ヴュルテンベルク大公国財務長官に迎えられた。資格は大公づきの私設顧問。

このジュース＝オッペンハイマーは十八世紀ドイツが生んだ財政の天才だったのだろう。やつぎばやに新しい経済政策を打ち出した。塩とタバコの専売制。皮革やワインの特別税。珈琲や紅茶、アクセサリーといった嗜好品には高額の税、宝くじの創設。教会の税金免除を撤廃。インフレ政策をとり、どしどし貨幣を発行する。

現在では、どの国にもおなじみのところである。それを十八世紀の農業国ヴュルテンベルクでやろうとした。当然のことながら早すぎた。大公の庇護のもとに辣腕《らつわん》をふるったが、物価がいっせいに値上がりして、儲けるのはひとつまみの商人のみ。大公の急死のあと、私設財務顧問は逮捕され、あらぬ罪をきせられて処刑された。

十八世紀のジュース＝オッペンハイマーは一人の例外だったが、十九世紀の半ばには同輩が無数にいた。もはや「金貸し」ではなく金融家であって銀行の経営者。証券取引所の顔役である。

マイヤー・アムシェルといってフランクフルトで金貸し、両替、それに茶や穀物や塩の販売で成功したユダヤ人がいた。戸口に赤い標識をつるしていた。十八世紀末のユダヤ人解放令の際、商標の「赤い標識（Rothschild）」をそのまま姓にした。ロートシルトである。5人の息子がいて、そのうち長男が家を継ぎ、二男はウィーン、三男はロンドン、四男はナポリ、五男はパリに赴き、それぞれロートシルト商会兼銀行を開業。ヨーロッパの主要都市を血縁でおさえ、大々的な投資に乗り出した。

ドイツ名ではロートシルトだが、英語読みをすればロスチャイルドである。世界の金融王のはじまりはフランクフルト・アム・マイン市の狭いゲットーの一角だった。

フランクフルト市中の少し北寄りにベルネ広場がある。北東の角にモダンなビルがあって、その一階が旧ゲットーの記念館になっている。

古ぼけたレンガや石積みがむき出しで、地下何層にものびている。ユダヤ人は限られた地域に住まなくてはならず、それで地下へとひろげたせいだ。ところどころに頑丈な木箱が据えてある。古い銅板画からわかるのだが、金貸し業者はテーブルと椅子、両替用の貨幣リスト、それに金庫にあたる木箱でもって商売をした。

古文書も展示されているが、ロートシルト商会のものが異色である。各支店からフランクフルトに刻々と報告が入ってくる。ロートシルト一族は独特の通信文を用いていた。中身はドイツ語だが、文字はヘブライ文字による。そうやって機密を守ったわけだ。

融資するとき、相手方の懐ぐあいを調査したのだろう。係の人の話によると、顧客リストのあちこちに星型のしるしが見えるそうだ。要注意。見かけは豊かそうだが、内情は火の車のサイン。サラ金業者のブラックリストのように、名のある王家や貴族たちが星じるしをつけられている。

木箱と金庫
（フランクフルト市　ユダヤ記念館）

「金貸し」

信用第一

公証人

ヨーロッパのオペラ座は年の瀬になると、きまってヨハーン・シュトラウスの「こうもり」を上演する。ウィーンでは大晦日の夜が定番だ。

「忘れる者は幸いなるかな」

そんな劇中歌とともに、旧年を見送って新年を迎える。

「こうもり」にあたるドイツ語フレーダーマウスは、「ハタハタと飛ぶネズミ」から出来た。たしかに舞台でもせわしなく人物が出入りして、ストーリィがややこしい。主人公アイゼンシュタインは台本には「ランティエ」とある。つまり「金利生活者」、月ごとに地代や部屋代が入ってきて、働かなくても優雅に暮らせる。

こういう男には、なぜか美人の女房がいるもので、妻ロザリンデがそうである。そばにきっと気転のきく小間使がいて、ここではアデーレがその役まわり。

そんな三人をめぐるお芝居だが、あわせて狂言廻しのような人物が登場する。ドクター・ファルケといって、職業は公証人、ドイツ語では「ノタール」。昼間はお堅い書類づくりだが、夜になるとイロごとの手引きから舞踏会の司会もやってのける。

芝居のタイトルの「こうもり」にしても、もともとはドクター・ファルケにからんでのこと。昼間は薄ボンヤリだが、夜になると元気になるところからして、夕方に活動をはじめるコウモリとそっくりだ。

シュトラウスがオペレッタ「こうもり」を作曲したのは1874年のこと。

時　現代

場所　大都市近郊の湯治場

台本にはそのように指示してあった。舞台と客席とが同じ時間軸にあって、同じ時代の空気を吸っている。まさしく今の風俗にもとづく現代劇としてつくられた。

そんな舞台の狂言廻しが公証人なのは、どうしてか？　むろん、それがもっとも現代的な職業であり、時代の花形であったからだ。ドクター・ファルケは芝居のなかで多少とも道化役のきらいがあるが、流行にのった人間におさだまりの特徴というものである。

あきらかに公証人は近代の職業だろう。民事にかかわる法律が整備されてのちに生まれた。契約をはっきりと公文書化する。いつ結ばれたか、誰と誰が契約したか、いかなる取り決めをしたか。私文書を定款にもとづき公に認証して、証書を作成する。

シュトラウスが活躍していたころのウィーンはオーストリア＝ハンガリー帝国の首都だった。典型的な官僚国家であって、人は生まれてから死ぬまで、何かにつけて書類を義務づけられていた。おのずと文書づくりの職人が欠かせない。

それでなお公証人が「時代の花形」になったのはどうしてだろう？　要するに私文書の認証が、おそろしくひんぴんに行われていたからである。

ときには一日に何十もの契約が取りかわされ、争いが起こり、裁判沙汰がひきもきらない。「こうもり」初演の前年にあたる１８７３年5月、フランツ・ヨーゼフ皇帝臨席のもと、広大なプラーターを会場にしてウィーン万国博が華やかに開会をみた。威信を世界に知らしめるためにも、ハプスブルク帝国が大々的に準備した。

大がかりな会場づくりとともに帝国首都の町づくりも進行した。万国博に先立つ10年あまり、帝国首都はバブル景気でわき返っていた。現在のウィーンのリンク通り沿いに見る建物のおおかたは、このころにできたものである。

札束が舞って土地が急騰、無数のにわか成金が誕生した。「こうもり」の主人公の「金利生活者」も、このころ大きく財産をふやした一人だったのではあるまいか。

万国博開会から九日目、歴史の本では「黒い金曜日」となっている。ウィーンの株式市場が大暴落を起こした。ふくらみきっていたバブル経済が一挙に破綻をみた。銀行や会社がバタバタとつぶれ、破産者が続出、多くの自殺者が出た。当時のウィーン市民で大暴落の影響を受けなかった者は一人もいなかったといわれている。わが世の春を謳歌していた成り金が一夜にして文なしになった。

差し押さえ、破産、文書偽造、訴訟、隠匿、不備、無効、骨肉の争い。「こうもり」の背景にあたる世相であって、公証人が時代の職業となる理由があった。シュトラウスは「破産ポルカ」をつくる一方で、もっとも切実な商売を舞台にのせた。

当節では公証人は、いたって地味な職業である。法学部を出てドクターのタイトルを得た。それから弁護士の場合と同じように公証人事務所で実地研修をする。そののちに独立して自前の事務所を構える。

検事や裁判官や弁護士と同じく法律家に開かれているコースだが、あまり人気がないのではあるまいか。ドイツ語の「ノタール」は、もともと「速書きの人」といった意味だったようで、器用な手を述べたもの。その手でこの世をわたっていく。ノタールという音感からしても、あまり夢をかき立てる職業ではない。

そのせいかドイツの町で、なかなか見つからない。大通りから一つ入った通り、あるいは都心から少しはずれた辺り。

看板が出ていたり、建物の角に入口の標示があるのは、近くのビルのどこかに事務所があるしるし。「公証」という仕事柄、国の紋章がついていて、少し厳めしい。公証業務は財産に立ち入ってのこまかい相談ごとにはじまるから、業務日と時間が示してあって、「電話で日時の予約をされたい」旨の断りがついている。

ウィーンでさんざん歩いてのことだが、やっと看板に往きあった。

どんな人が相談にくるのか興味があって、酔狂にも半日ちかく入口を見張っていた。誰もこない。事務所は静まり返っている。あきらめて歩きかけたところ、つぎの建物の壁に銘板がはめてあった。何げなく目をとめたところ、1870年から78年まで、ヨハーン・シュトラウスがこの建物に住み、「不滅の〝こうもり〟を作曲した」と記されていた。ちなみにあげておくと、ウィーン13区マキシング通り18番地のこと。

わが国では公証制度は明治にはじまり、120年の歴史をもつそうだ。「私人相互間の権利関係をあらかじめ公正証書などによって明確にしておき、紛争を未然に防止する」という使命を果たす。

相続や遺書のトラブルがめだって増加しており、公証制度の役割りは今後ますます高まると思うのだが、もうひとつ関心がひろがらない。そもそも、どうして公証役場などと古風な言い方をするのだろう？

「遺言・契約まずお電話を！　ご相談は無料です」

ためしに調べてみたが、東京の場合でいうと、丸の内公証役場は新東京ビル二階２３５区。神田公証役場はＫＹＹビル三階、芝公証役場は東京建硝ビル五階、高田馬場公証役場はＮＩＡビル五階、板橋公証役場は板橋中央ビル九階。ひっそりと事務所を構えている点はドイツの場合とほぼ同じである。

はじめて知ったのだが、わが国の場合、公証人は、裁判官、検察官退職組の第二の職場になっている。厳めしい経歴の人たちであって、信用の点では申し分ないが、喜歌劇の狂言廻しに出てくる気づかいはなさそうである。

町角の公証人
（ウィーン）

弁護士

弁舌さわやか

弁護士を古くは「代言人」といった。本人に代わって言い分を述べる人。この「本人に代わって」が微妙であって、依頼人の非を知りつつも、そうではないと弁じる事態が少なくない。あるいは、大半がそんなケースであって、冤罪《えんざい》を晴らしたり、法の不備を証し立てるといったことは、めったにない。

本人に代わるような役目なのだから、報酬が高い。依頼人が金にあかして有能な弁護士をかき集め、有利な判決をかちとった、などのこともあるだろう。そのせいか、「三百代言」といった言いまわしが残っている。三百文でも引き受けるモグリ代言の意味だったのが、弁舌さわやかに詭弁《きべん》を弄《ろう》する人に転じたらしい。

法律知識と弁舌をそなえている。ともにそれ自体は立派な能力だが、使い方しだいで世の反発を買う。それにこの二つは、たいていの人がそなえていないものであって、よけいに見る目がきびしい。アマンの絵でも、貧しげな人を傲然《ごうぜん》と見くだしている人物に描かれている。右手には法律書、左手で報酬を受け取るぐあいだ。いで立ち、表情、姿勢からして猛々《たけだけ》しい。ハンス・ザックスの詩も辛辣《しんらつ》である。

裁判所で弁じ立てるのが、
　わが稼業
へ理屈、悪知恵、策略は
お手のもの
へしまげ、たぶらかし、
　おとし入れ
不正な訴訟でもかちとっていく
正義なるものはお笑いぐさ

やや厳しすぎると思ったのか、つづいては「不正に加担しなくてはならないのが／われらが稼業の泣きどころ」と、少し同情的に述べているが、しめくくりがまた辛辣である。

どうころんでも財布と腹は
十分に満たしている

弁護士というと、すぐにオーストリアの劇作家フランツ・グリルパルツァー（1791〜1872）の自伝を思い出す。幼いころ、また青年期のくだりに、何人もの弁護士志望者、あるいは挫折組が語られているからだ。グリルパルツァー自身、法律を学び、弁護士になるはずだったが、すすめられるままに書いた劇作が大当たりして、思いがけず、まるでちがった人生となった。

とりわけ父親が興味深い。ヴェンツェル・グリルパルツァーといって、法律学徒の優等生だった。法曹家の大立物の娘を妻にして、はなやかな弁護士コースを歩むはずが、年とともに偏屈で、閉鎖的な人間になっていった。

弁護士の集まりや催しに、いっさい出ない。収入はへる一方なのに、みさかいなしに建物や土地を買う。暇なときは、ひとり黙々と草花の手入れをしていた。息子が述べている。

「本当のところ、わたしは父を優しく愛したことは一度もなかった。彼はあまりにも無愛想すぎた」（佐藤自郎訳）

家族にすら、自分の気持や感情を見せなかった。かたくなで近よりにくい人。その父が死んで、かなりの歳月がたってから、やっと父の「動作の奥底」にあったものがわかってきたという。父親が心のなかに秘めていたこと。

なまじ優等生だったばかりに、優秀な弁護士をめざして奮闘した。誠意をもって対応しようとすると、矛盾に直面する。依頼人はしばしば、誠意や熱情よりも「へ理屈、悪知恵、策略」を希望しているし、「たぶらかし、おとし入れ」を注文してくる。そんななかで将来を属目《しょくもく》されていた若手弁護士は、しだいに陰気なタイプになっていった。

グリルパルツァーの自伝には、ほかにも何人か語られている。

「彼は自分の法律の研究はそっちのけにして、化学に熱中していたが……」

グリルパルツァー自身、のちの研究者が思案にくれるような生き方をした。国民的な大劇作家と見られていたのに、当人がもっとも世の見方を信用していなかった。味けない官吏生活に不平をもらしながら、毎日、判で捺《お》したように役所に通った。

好きな人ができて、夜ごとに夢に見た。夢のなかで恋人を抱擁した。思いのたけを日記に書きつづったが、しかし、現実には何一つ行動を起こさなかった。夢みるためだけの「永遠のいいなずけ」にとどめていた。

「ハプスブルクの兄弟争い」など、晩年の大作は、ただ書いただけで公にしなかった。「焼き捨てるように」と遺言していた。傑作が後世に残ったのは、そのとおりにしなかった遺言執達《しったつ》ないのかもしれない。吏《り》のおかげである。同じ小役人世界に生きる者の「心の病い」を、よく知っていたのかもしれない。

ドイツの町を歩いていて、建物の入口に「弁護士（Rechtsanwalt）」の看板を見かけることがある。一つの建物に、いくつも取りつけてあるのは、そこに弁護士たちが事務所をかまえているからだ。二人共同のときは連名になっている。相棒がとり代わったのか、一人分に新しくボードがとりつけてあったりする。

オッフェンバッハのクリングスポーア博物館で、美しい活字体をどっさり見たもどり道、駅に近づくと、ずらりと看板が並んでいた。「公証人（Notar）」が並記してあるのは、ドイツでは弁護士が公証人も兼ねられるからだろう。

それで見当をつけて通りを歩くと裁判所があった。この種の建物におなじみだが、重厚で、陰気で、晴れた日なのに、そこだけが曇っているぐあいである。裏手にまわると拘置所を兼ねているのか、窓はすべて鉄柵つき。三階分ほどの高い塀の上に鉄条網が厳重に巻きつけてある。

グリルパルツァー型の神経と感性には、耐え難い世界だったことだろう。べつの人生を夢見ながら、やむなくそこで人生を送るうちに、しだいに偏屈になっていく。

南ドイツの町カールスルーエを訪れた人は、気付いたはずだ。大通りを行くと、きっと昔のお城の前に出てしまう。

中心地区は9本の大通りが扇形にひろがっていて、扇のかなめに城がある。まん中の一つが中心軸になって左右対称につくられ、これがブロックに区切られている。

十八世紀のはじめに町づくりをしたとき、時代の思想がそのまま町の形になった。王を中心とする身分制社会は、通りだけでなく建物の高さにまで及んでいて、王宮は三階建て、貴族の館は二階建て、商人や職人は平屋というわけだ。いまでも注意して建物をながめていくと、町の原型がくっきりと浮かんでくる。

一点を中心にして扇状にひろがっていくスタイルは、法律の構造に似ている。町のかたちが法の制度の力をあらわすのにぴったりである。そのせいなのか、カールスルーエにはバーデン・ヴュルテンベルク州の各種裁判所が集中しており、別名が「法律の首都」。おのずと通りを歩くと、関係業界の人々が、ズラリと看板を掲げている。

町は退屈だが、背後の森がすばらしい。カールスルーエ一帯はライン川がつくった砂利の地層にあたり、昔から水不足に悩まされてきた。森は貴重な水源であって、町が急速に拡大していくなかにも、大切に守っていかなくてはならない。

にもかかわらず「森林保護法」といったものはないそうだ。法律で保護しても、弁舌さわやか組にしてやられることを、人々はよく知っていたせいだろう。ねばりづよく市民の森として育ててきた。だから王さまの時代と、面積は少しもへつられていないのだ。

オッフェンバッハの弁護士事務所・
公証人兼業

「代言人」

仮装と幻惑

かつら師

本なりCDなり、通りの飾りなりで、いろんなモーツァルトの肖像をよく見かける。神童だったり、青年時代の姿、あるいは死にちかいころのモーツァルト。いずれも肖像画家が描いたもので、当時の肖像画の約束に従っている。生まじめな表情、正面を見ひらいた目、きちんと着飾ったいで立ち。そして頭にはかつらをのせている。

髪のかたちで与える印象がガラリと変わるものだ。多くのモーツァルト像に親しんでも、モーツァルトその人は、もうひとつはっきりしない気がする。本当の顔が見えてこない。かつらのないモーツァルトは、いったいどんな人だったのだろう?

ドイツ語ではペリュッケ(Perücke)、もともとイタリア語の「ペルッカ」からできたらしい。頭髪を補うためのものは、どこの国であれ、何かのかたちで昔からあったはずだが、とりわけイタリア人が好んだようだ。古代ローマのころ、さかんにかつら師が色やスタイルのちがうものをつくっていた。現在でも国により法廷などで、裁判官や検事が頭にかぶる習わしもあるが、起源はローマの法廷にさかのぼる。

中世は威厳用のお飾り以外はすたれていた。そのためアマンの職業一覧に、かつら師というのは入っていない。これが職人の仲間入りをするのは十八世紀になってからのこと。流行の始まりはフランスだった。ルイ十三世の末ごろ、そしてルイ十四世の時代に本格化した。「太陽王」の肖像では髪が流れるように肩に垂れて、はしがカールになっている。「アロンジュかつら」とよばれたもので、いまなおイギリス議会や法廷で用いられているのは、このスタイルである。

パリの大王が愛用したからには、ヨーロッパ一円にひろがった。モーツァルトの生きた十八世紀後半が流行の最盛期にあたり、おかげで天才の素顔といったものが隠されてしまった。

モードの意味合いが強いからには、人それぞれ何種も所持していて、場と機会に応じて取り換える。貴族によっては、何十と揃《そろ》えている人がいた。ある大公は500余のかつらを所有していて、「あの頭にしては多すぎる」などと陰口をたたかれた。

実際の頭髪だけではまかないきれないし、ナマの髪は不ぞろいなので、動物の毛や人工の髪が使われた。染めつける粉があって、通常は粉袋を天井の四隅につけ、そこから頭に舞い散らせたようである。顔には布を巻いて保護した。粉がまんべんなく頭にふりかかるように、まわりから煽《あお》ぎかけることもあった。

当時の喜劇には、人を取りちがえて大騒ぎするシーンがいくらもある。夜の明かりが暗かったせいもあるが、それ以上にかつらが大きな役目をはたしていた。かつらをつけると顔が変わって見える。取り換えれば変装、あるいは変身したぐあいにもなる。仮装の効用をもち、幻惑させる力があった。

モーツァルトの「コジ・ファン・トゥッテ」におなじみだが、かつらの時代には気のきいた仮装やシャレた惑わし、たくらみと戯れが流行した。夫婦といえども双方が秘密をもっていて、ちらつかせたり隠したりする。仄《ほの》めかしても、はっきりとは言わず、わかっていてもわざとトボけて、じらしてみせる。かつらの時代にその種のことが流行したのか、それとも、たくらみと戯れが好きだったから、かつらという仮装の小道具を愛用したのだろうか。

モード品であれば、さまざまなかつらがつくられた。色では、はじめはブロンドやブラウンが好まれたが、しだいに白い髪が流行してくる。自前の髪を白く染めるまでになったのだから、モードの力は強烈である。白い髪は消え失せる若さをとどめようとする老年の憧れであるとともに、それ自体が老いのぐあいをくらましてくれる。白髪をいただく若者もいれば、白髪で若づくりした老人もいた。

ドイツでは「お下げ髪（Zopf）」スタイルがはやった。ときには愛らしい小袋をつけ、絹のリボンで結んだりした。こうなると少年が小娘のように見える。プロシャではヴィルヘルム・フリードリヒ王がこれを好み、兵士全員をお下げ髪スタイルで統一した。

使わないときはどうしていたのか？　帽子と似た品であって、帽子箱のようなものに入れておいた。ひんぱんに使う場合は、帽子掛けにあたるものが便利である。「かつら棒（perücken-stock）」の言い方があるから、はじめは棒状をしていたのではあるまいか。しかし、それでは味けないので、棒を人形に作りかえた。かつらをのせるだけなので、頭はつるつるでいい。

モーツァルトが死んだのち、借金を清算するために遺品の多くが競売に出された。その一つに「モーツァルト愛用のかつら棒」というのがあって、モーツァルト展で見かけたことがある。木づくりの半身像で、頭はクリクリ。帰宅したときにかつらを取ってのっけて、出かけるときにそこから自分の頭に移す。木彫の顔が、ちょっぴり笑っているように見えた。

フランス革命の際、かつらが旧体制の象徴のように思えたのだろう。革命派は自前の髪で通して、旧時代の異物を排撃した。そのせいか旧体制にもどっても、かつらはもどってこなかった。

かつらが復活しはじめたのは、いつごろだろう？　１９６０年代ではなかろうか。技術が進歩して、ほとんど本来の髪と区別のつかないほど精巧な人工の髪ができてきた。薄い髪、あるいは禿頭に悩む人には朗報である。部分的に補うこともできる。フランス語で「トゥーペ」というのがこれだろう。ドイツの美容院に、ペリュッケと並んでこのフランス語を見かけたりするから、微妙なことには外国語をあてる作法の一つといっていい。

代用髪としての実用にとどまらず、いまのかつらは飾りやおシャレに使われている。ショーウィンドウにはモーツァルト愛用の品に似た半身像がズラリと並び、さまざまな頭髪をいただいている。茶髪、赤髪、黄色髪、ブロンド、ブラウン、ブリュネット、灰色、白……。色の種類ときたら目を丸くするほどだ。

ふたたび仮装と幻惑の時代に入ったのだろうか。たくらみと戯れと秘密にみちたお芝居が大好き。男も髪を染めわけて、ひと目では性の区別がつかない。そういえばモーツァルトのころには、つけぼくろが流行した。顔にイボのようなほくろをつけた。わざと美的欠陥を装って、それにより美的効果を上げる。当節にも、おりおり、顔に色つきほくろをつけた人を見かけるが、茶髪とバランスをとっている。

たぶん、見かけは単なる表面ではないのだろう。頭においても、中味よりも見かけの多彩さ、人工性に走るのは、おのずと実態を示している。創造力が失われ、マニュアルと技巧の世になった。装いにみちたみやびの時代の素顔を示しているのではなかろうか。

写真はともに
リューベックの
かつら専門店

第5章

喉をからして

喉をからして

香具師《やし》

版画家アマンと詩人ハンス・ザックスによる『職業尽くし』は、教皇にはじまり、計114の職種をとりあげている。ドイツ中世末期のころ、教皇も修道士も国王も、医者やパン職人や刀鍛冶と同じような「職人」とみられていたらしい。祈りや信仰や政治のスペシャリストであって、おのずと腕のよさ、熟練、客うけがかかわってくる。無能の評判が立てば、客筋に見はなされるまでのこと。

職人一覧の終わりちかくに、「守銭奴《しゅせんど》」や「大食い」が入っているのは、当時、「悪徳尽くし」といったシリーズがあったから、そちらのがまじりこんだのかもしれない。最後の一つ前が「道化師」で、これはレッキとした職業だった。いちばん最後が、がらくた売り（Krä-mer）。わが国でいうと、さしずめ香具師《やし》にあたる。

がらくたを商って
身すぎ世すぎ
品物はがらくたでも
口上とびきり絶品

ハンス・ザックスは、その点を強調している。口から出まかせ、とにかくしゃべりまくって相手をケムに巻く。

アマンの絵には、いろいろ小間物を籠《かご》に入れて首にかけ、見本を手に掲げている男が描かれている。しかし、これは「小間物商」と同じ図柄であって、先に使ったしろものを流用した。近代以前の本には、この種の手口が珍しくはなかった。図版が足りなかったのか、それともドイツ語の Krämer には「がらくた売り」のほかに、「こせこせした人」といった意味があるから、「守銭奴」や「大食い」と同様に、悪徳の部のひとつがまじったのか。

その点はともかく、職業として存在してきたことは事実である。「フーテンの寅」さんに似て品物はがらくたでも、「口上はとびきり絶品」、ドイツを旅行中に出くわしたら、ぜひとも足をとめて聴いてみたいものである。

なにしろ扱うのが「がらくた」なので、商品そのものは後世に残らない。ほんのしばらく行きかう人をたのしませたのちに、文字どおりがらくたとして捨てられる。だから昔のがらくた売りが、はたしてどんなものを商っていたのか、よくわからない。

一つだけ、はっきりわかっている品物がある。粗末な木版画に、詩とも歌とも教訓ともつかぬ言葉を刷りこんだもので、一枚刷りのときもあれば、小冊子になっているのもあった。実をいうと、そもそも、アマンとザックス合作本がそんな一つであって、多少とも丁寧に作られていただけのこと。香具師の商品には、ニセブランド物が堂々とあらわれるが、「ハンス・ザックス詩」というのも、怪しい。別人が作ったのを、「高名なニュルンベルクの歌匠ザックス先生直々の作」としたのかもしれない。その可能性は大いにある。

大道の商いには、そんなことはどうでもいいこと。往来や広場で店を開くと、まず大声で客寄せをする。注意をひくために楽器を鳴らす場合もある。黒山の人だかりができれば、しめたものだ。ものものしく口上を述べ、そんじょそこらでは手に入らないこと、本日にかぎり特別価格、数を限っているので早い者勝ち――といったことを説き立てる。

粗末な絵入りの小冊子が、どうして後世に残ったのだろう。聖書と、カレンダーについている金言が唯一の読み物だったような人々には、小冊子といえども立派な「本」であって、代々にわたり受け継がれたのか。

詩句はたいてい歌になっていたので、何かのときにひろげられた。おしまいにきっと教訓がついている。世の大人たちは、どういうわけか教訓好きであって、教訓つきのものは、おいそれとは捨てられない。

そのうち歌の形をとったものを「ベンケル・リート（Bänkellied）」と呼ぶようになった。ベンチや台の縮小語ベンケルと歌（リート）を組み合わせた。往来でめだつように、小さな台にのって人集めをしたからで、合わせて歌をうたう。それも事件やニュースを歌いこんだもの。大道でベンケルにのって歌うのでベンケルゼンガー（Bänkel-sänger）、すなわち大道歌手である。フォークシンガーの元祖であり、ドイツでは十七世紀ごろすでに喉《のど》をからして営業していた。

たいてい歌の内容を絵巻仕立てにして、それを棒で指しながら歌った。そのほうがわかりやすい。ただこの方法だと、たかり客にただ見、ただ聴きをされてしまう。そこでひとくさりぶったり歌ったりしてから、やおら小冊子を取り出して口上をつける。興味をかき立て、財布の紐《ひも》をゆるめさせた。

画家デューラーの死後、妻のアグネスは絵巻をもって各地を廻り、商売をしたというから、何を商ったのかは不明だが、そのころすでに大道商売のスタイルができ上がっていたのではなかろうか。自分の死後の暮らしのことを考え、デューラーは絵筆で商品元手を用意していたらしい。

ドイツの古本屋を丹念にみていくと、十九世紀ごろの絵入り小冊子が見つかるものだ。往来の商品だったので表紙にシミがついていたり、隅がケバ立っていたりする。ヴィルヘルム二世やビスマルクを歌ったもの、電気の発明、ドレフェース事件、ツェッペリン伯の気球船、ハンブルクにおけるコレラ流行……。

時事ネタを扱っていて、現在のテレビにちかい役割をもっていたことがうかがわれる。顚末《てんまつ》を述べるのに歌を使った。歌のほうが聞いてもらえるし、にぎやかにできる。今も昔も、論説より流行歌のほうが好まれるし、覚えやすいものである。

とりわけ人気があったのは、悪人、悪いやつ、人殺し物である。各地で起きた事件のなかでも恐いニュースを歌にして報告し、おしまいにちょっぴり教訓をつける。教訓がないと、悪事をそそのかすといって警察にニラまれかねない。この点でもまた今のテレビ報道とよく似ている。酷《ひど》いニュースを伝えたあと、ニュースキャスターは、やおら眉をひそめて教訓らしきものを口にする。

このタイプの歌は「モリタート」などと呼ばれた。人殺し（モルト・タート）の略語ともいうし、隠語からできたともいう。劇作家ベルトルト・ブレヒト（1898〜1956）や作家・詩人エーリヒ・ケストナー（1899〜1974）は、この形式を愛用した。ブレヒトの『三文オペラ』は「メッキー・メサーのモリタート」ではじまり、劇中に多くの「バラード」

や「ソング」がまじえてある。ケストナーの詩の大半は、読むよりもむしろ歌うためにつくられた。

二人の生年に気をつけよう。十九世紀末であって、幼いころ往来や広場で、大道歌手たちの歌声を耳にして育った。手風琴のメロディをよく覚えていた。その技法を生かして革新的な文学をつくった。大道商売をバカにしてはいけない。それは世の風に鍛えられ、とびきり大胆な可能性をそなえているかもしれないのだ。

ドイツにいるとき、用もなく町をブラつくのはたのしいものだ。そんな道すがら、少し古風な蝶ネクタイに黒ずくめのいで立ちの男を往来で見かけたとしよう。大きなバッグをかたわらにして、こころもち真剣な目つきで辺りをうかがっている。歩道の一角に佇んでながめていると、つぎにはバッグを開き、商売道具をとり出してくる——。

フーテンの寅さん流の思いがけないドイツ語の口上が耳にできる。しがない商いのようだが、数百年の伝統をもつ由緒正しい職業なのだ。ゲーテの『ファウスト』は古今の名作だが、もともとは少年のころ、おやつを我慢して買った粗末な絵入り本にはじまっている。『魔術師ファウストの波瀾《はらん》万丈の生涯』といったタイトルで、大道で売られていたものである。

広場の大道歌人(19世紀半ば)

「さて、そろそろ始めるか」(ミュンヘン)

森の王たち

狩人《かりうど》

ドイツはかつて深い森に覆われていた。「ガリア戦記」といった古い記録には、「ひとたび入ると7日出ることあたわず」などと記述されている。誇張はあるのだろうが、ゲルマンの森が古代ローマ人を恐れさせたことがうかがえる。グリム童話ではしばしば魔女の住むところとして語られているが、森の暗さが生み出した想像にちがいない。

おのずと狩人《かりうど》は、とりわけ古くからの職業の一つであって、森に分け入り、獣や鳥を追い立てた。獣には猟犬が欠かせない。鳥には鷹をさし向ける。

中世初期のミニアチュールに「鷹匠」と思われる人物が描かれている。そのころすでに、飼いならした鷹を用いる技術が確立されていたのだろう。

そういえばドイツの王家や貴族の紋章には、少なからず鷹や鷲《わし》が使われている。強さをあらわすだけでなく、「先導する者」の意味をおびていたようだから、狩りにおける鷹匠の役まわりを起源にもつのではあるまいか。
片手に鷹をとまらせ、もう一方の手で犬の首環をおさえた男がいて、肩に鉄砲、腰には獲物用の袋。

腕ききの狩人とはわしがこと
沼や丘や森をめぐって
鳥獣を見つけさえすれば
もののみごとに射ち落とす

「鷹匠」とはべつに「狩人」が入っているのは、両者が区別されていたせいだろう。鷹狩りは王侯のたのしみと言われ、鷹匠は高度な技倆《ぎりょう》の人とみなされていた。そのせいかハンス・ザックスの詩でも、狩人は「主人持ち」の身であって、角笛を鳴らしながら犬とともに獣を追い廻す者として出てくる。

追い立て、追いつめ
罠《わな》にかけて刺し殺す

鹿、狐、狼、兎とくれば
毛皮が大事、丁寧《ていねい》に
仕とめて、そっくりいただき

十三世紀に出たもので『鳥による狩猟技法』という本がある。作者はフリードリヒ二世。ドイツきっての名家ホーエンシュタウフェン家の先祖筋にあたる人で、大の狩り好き。王の道楽というだけでなく、この分野の古典を生み出した。そこに語られている技法そのものは、いまも古びていないそうだ。この指南書によると、当時は鷹を扱う技術において、アラブ人がもっとも優れていたという。フリードリヒ二世は1245年、トルコの太守に親書をつかわし、「数羽の鷹、並びに数人の鷹匠」をゆずり受けた。

なかには狩りに熱中しすぎて国を失った人もいる。ブランデンブルク・アンスバッハ大公カール・フリードリヒは、金にいとめをつけず鷹を買いこみ、のべつ途方もなく大がかりな狩りを催したので国庫が破産、そのため王位を追われた。十八世紀初頭のことで、記録によると、召しかかえた鷹匠は50人をこえ、射とめた鳥獣が3万4千あまりというから、ものすごい。

いろんな絵が残されていて、その一つでは、鷹が烈《はげ》しく鳥と闘っている。空中で演じられる生死を賭けたドラマであって、それが人々を魅了したのだろう。小手をかざしてながめている王侯貴族にまじり、馬上に横ずわりした女性もいるから、女たちも加わっていた。並びのはしに青い色の服を身につけ、青いシマ模様のソックスをつけた人物がいて、鷹の世話をしている。ほかの絵にもよく似た男が描かれているから、青服が鷹匠の制服だったのかもしれない。

以上、もの知り顔に述べてきたが、実はすべてミュンヘンの狩猟博物館で仕入れた知識である。ミュンヘンの中心部、マリア広場から聖母教会へ行く途中の角にあって、入口に青銅のイノシシがいる。正式には「ドイツ狩猟釣魚博物館（Deutsches Jagd-und Fischereimuseum）」というが、魚はあとから加わったまでで、おおかたが狩猟にあてられている。

美術の本には出てこないが、狩猟専門の画家がいたようだ。狩りにまつわるさまざまな情景が、色あざやかに描きとめてある。おかげで人や馬のいで立ち、用具や狩りの方法が、ことこまかにわかる。

1835年10月、バイエルンの森で最後の一頭といわれた巨大な熊が仕とめられた。狩猟画家が狩人たちの帰還を描いている。里の人々が出迎えている。熊を追いつめたヒーローが肩車されているが、晴れやかな凱旋《がいせん》にしては、狩人は疲労困憊《こんぱい》の顔つきである。熊との闘いが、いかに壮絶であったかを告げている。人と獣をめぐる意味深いドキュメントというものだ。

そのとき仕とめられた熊なのか、何十もの剝製《はくせい》のなかに、抜きん出て大きな一頭がいた。あと脚で悠然と立ち上がり、ガラスの目玉を光らせて館内をヘイゲイしている。

狩人凱旋の絵は「森の王」と副題がついていた。勇敢な狩人を指すのだろうが、どちらかというと雄大な熊にこそふさわしい。

膨大なコレクションだが、入館者はめったにいないようで、森の住人たちが学名入りの標識をつけて凝然と立っている。鷹が翼をひろげ、鋭いくちばしを突き出して身がまえている。剝製にされ、ガラスの目玉を入れられて、何百年もじっと一点にとまり、身がまえてきた。

いずれどこかに吸収されるという噂だが、ミュンヘン観光の際に、この博物館はおすすめだ。静まり返った建物のなかで、つかのまの王様になれる。とてつもないコレクションを一人占めにできる。たまの客を迎えて、係の人も親切で、目が合うと、にこやかに挨拶《あいさつ》してくれる。

「これは何ですか？」

どれも同じ大きさの円盤で、美しい絵が描いてある。リンゴを頭にのせた少年、赤ん坊に頰《ほお》ずりした老人、飾り文字入りの谷間の風景……。

村々で催された射撃大会で、優勝者に贈られたものだという。金メダル、あるいはトロフィーにあたるらしいが、村にはきっと板絵をつくる職人がいた。その無名の画家たちの作が歳月のなかで洗われて、夢の風景のような雰囲気をおびている。狩りは生業以上に文化であって、たのしい遺産を残していった。

「エーと、これは？」

同じ板絵だが、こちらには点々と小さな穴があいている。射撃練習のとき、標的として使われたものだそうだ。標的にも美しい絵がついているところが奥ゆかしい。係の人は、わざわざ展示の中から宝石をちりばめた鉄砲をもってきて、標的の前でポーズをしてくれた。

「パパ、パン、パパ、パン！」

ちゃんと銃声の口まねつき。拍手をすると、わざといかめしい顔をして、ヒゲを撫《な》で上げるしぐさをした。たしかに標的をとり巻いて、ヒゲをはやした、いかめしい顔が描いてある。名うての狩人、そして歴代の射撃名人らしかった。

C.ヒルシュ画
「鷹匠のお出まし」
（1752年）

「かりうど」

航路安全
船乗り

「ドイツは海運国である」というと、へんな顔をされるかもしれない。四方を海に囲まれたわが国とちがって、外に開いているのは一方だけ。

だが、北海とバルト海に面していて、ハンブルク、リューベックといった良港をそなえている。第一次世界大戦まで、東にのびる海岸線はドイツ領であり、中世のドイツ騎士団このかた、ダンツィヒ（現ポーランド・グダニスク）、ケーニヒスベルク（現ロシア・カリーニングラード）など、美しい港町をつくってきた。船乗りはもっとも古い職業の一つであって、セーラー服の少年のころ、マドロス生活に夢をいだいたドイツ人は少なくない。ビール腹の大人になっても、いつもどこか海への憧れをもっている。

アマンの版画集にも、むろん、船乗りが入っている。櫂《かい》を手にしてスックと立ち、沖の帆船を見はるかしている。七つの海を足下に従えたような気概がみなぎっている。

船にあれば
　羅針盤が友だち

何一つ目じるしがなくても、居場所はちゃんとおさえている。たとえ嵐がこようとも、帆をたたんで錨《いかり》を下ろせば、それでよし。

大波が去るのを
　待つまでのこと

画のわりに詩が消極的なのは、ニュルンベルクのハンス・ザックス親方は内陸の町の靴匠であって、海ははるかに遠く、想像力がさっぱり働かなかったのではなかろうか。

ハンブルクを訪れた人は、湖畔から出ている市内遊覧の船に乗ったかもしれない。ヴェネツィアに劣らぬ運河の町であって、水路が縦横に走っており、そのまま港巡りができる。

重厚な赤レンガ造りの壮大な倉庫群は、一世紀以上も前、水中に膨大な木を打ちこんで基礎を固め、その上に建てたものだ。船荷のなかでも、タバコ、珈琲《コーヒー》豆、ラム、薬味、香料、絨《じゅう》毯《たん》など、とびきりの品々にあてられてきた。外面に優雅な飾りをもち、とても倉庫とは思えない。船運都市の栄光と底力を伝えている。

詩人リンゲルナッツは、若い頃は船員だった。18歳になるやいなや、飛び立つようにハンブルクへやってきて、帆船エリ号の水夫見習いになった。ついで蒸気船フロリダ号の二等水夫に出世した。東方航路も体験した。だから「香港」と題する詩をつくっている。

船乗りが国に便りをした、というスタイル。妻から怒りの手紙がきたので、急いで返事をしたためた。きみは憤慨しているようだが、とんでもない心得ちがいだと弁明している。第一に「玳緋《タイフイ》」は女性の名前ではない。第二に他のやつらは、もっとひどいことをしている。第三に彼女と同じ部屋で夜を明かしたのは、ほかに空き部屋がなかったからだ。それにきみだってよく知っているだろう、自分がどんなに妻を愛しているか。——だけどこんなに長くお前から別れているのだもの、誰だって辛抱できん。

俺は石じゃないんだから
まあ、ぶちまけて言ってしまえば、
もっと交際が必要なのだ
どんな男だって——
ついでだが女だって——

どんな民族だって
あのことだけは必要だ（板倉鞆音訳）

ドイツの詩のなかで、もっともステキな一つだし、きわめて理路整然とした論旨だが、妻の怒りをしずめたかどうかはわからない。

ほとんど知られていないが、とても重要なことを書いておこう。ナチス・ドイツが力をこめた事業に、陸のアウトバーンとともに海のＫｄＦ（カーデーエフ）があったということ。〝クラフト・ドゥルヒ・フロイデ（Kraft durch Freude）の頭文字をとった。発案したローベルト・ライ（１８９０〜１９４５）は、宣伝を担当したゲッベルスと並ぶナチ党の知恵者だった。こちらは組織者であって、労働組合を一元化し、第三帝国唯一の「ドイツ労働戦線」に再編した。もう一つが船の建造だった。１９３３年から3年ばかりの間に、2万トンから3万トンの豪華客船8隻が進水をみた。客室は特等、一等といった等級をもたず、食事その他、すべて平等、国の援助のもとに、ごく安い値段で船旅ができる。

ＫｄＦ船団は、まさにナチズムの唱える「国民社会主義」を実現したものとして、熱狂的に歓迎された。１９３３年前後から、なだれを打つように人々がナチ党に入党し、ヒトラーが圧倒的な信任を得た背後には、眩《まぶ》しいばかりの白い客船による夢の船旅があった。ドイツ人の心にひそんでいる海への憧れを、巧みに利用してのことだった。

港町には船員会館と寄りそうように、船乗りの守護教会があるものだ。長い航海から帰ってくると、船長や乗組員はお礼にきた。出発前には、無事を祈ってやってきた。そのとき、約束したのかもしれない。教会にはきっと、帰ってきたときに奉納したものが所狭しと並べてある。「奉献物」として天井からロープで吊ることもある。だから船乗りの教会には、手づくりのボートが空中に浮かんでいる。

リューベックは水運ゆたかなトラーヴェ川によってバルト海と結ばれている。中世の昔からハンザ都市の盟主として栄えてきた。聖ヤコービ教会が船乗りたちのお守りをしている。

その教会を入って小階段を上がったところに、みごとな帆船のモデル・シップが奉納してあった。ヴェルフリート・ハルトヴェークという船長が「余生のすべて」を捧げてつくったという。

船の名はパミール号。1911年、リューベック港で進水。1952年、アルゼンチン沖でハリケーンに遭《あ》い沈没。死者80名、生存者6名。船長はその6名の1人だった。

生き残ったわが身を、どのような思いで見つめていただろう。「余生のすべて」を捧げて、ありし日の船をよみがえらせた。船乗りの教会では、静けさの意味合いが一段と深いのだ。

市中から外港のトラヴェミュンデまで電車で10分ばかり。白い砂浜がひろがっている。十九世紀風のヴィラが点在していて、かつての富裕層の避暑地であったことがわかる。維持しきれなくなったのが身売りして、ホテルや寮になった。春まだ浅いころは、まるでひとけがない。広大な浜手に、坊やを肩車した父親と母親が寄りそって立っていた。バルト海航路の船が、ゆっくりと前を通っていった。

船乗りの町であれば、聖ヤコービ教会を中心にしてつくられている。これを基点に広い通りが二手に分かれ、そこから小路が分岐する。歩くとわかるが、一方は漁師通り、パン屋通り、肉屋通りなどと、つつましい。なだらかな坂を埋めて、赤レンガ造りの背の低い建物が軒をつらねている。こんもりとした高台は、大市民層の区域であって、こちらは大僧院通り、王様通りなどと、通りの名前もいかめしい。

マン家といって、富裕層の旧家が十九世紀末に破産し、家族は故里《ふるさと》の町を立ちのいた。トーマス少年は高校を中退、母親とともにミュンヘンへ移り、書店員見習いになった。のちのノーベル賞作家トーマス・マンは港町の物語を一身に背負って大きくなった。

町の帽子屋には船員帽を売っている。丈夫で、厚くて、防寒用になるせいだろう、老人たちはたいてい、この帽子をかぶっている。だからリューベックでは船長同士が、公園のベンチでのんびりとチェスを指している。

船乗り教会の奉献画
（リューベック）

「船乗り」

笑いの風穴

道化師

モーツァルトとのかかわりで、ザルツブルクを訪れる人は多いだろう。大聖堂、大司教館、モーツァルトの生家、岩山の上にそびえるホーエンザルツブルク城、カフェ・トマゼリ、さらにザルツァハ川を渡ったところのミラベル宮殿……。

見ものはどっさりある。「アルプスの北のフィレンツェ」などと称されてきた。トスカナの太陽こそないにせよ、かわりに詩情にみちた北方の霧がある。

しかし、道化師の庭を訪れる人は、まずいないだろう。ミラベル宮殿の庭園のすぐ隣り、小さな石の橋で結ばれているのだが、そこまではめったに足を運ばない。古木が繁っていて、かたわらにベンチがある。せいぜいチラリと目をやって、それっきり。

へんてこな石像が20体ばかり、コの字型に並んでいる。ほぼ等身大の像であって、おどけたぐあいに腰をひねっていたり、舌を出して「アカンベー」をしていたり、わざとらしく威儀を正していたり。ひげをはやし、額にしわを寄せ、思慮深い賢者さながらの像もある。「道化師の園」とよばれ、昔は100体ちかくもあったらしい。

頭巾をかぶり、肩からポシェットをぶら下げ、半ズボン姿が多い。モーツァルトのオペラ「魔笛」に出てくるパパゲーノとそっくりではあるまいか。実際、パパゲーノの仲間たちであって、回転の早い頭と舌、それにおどけの技術で人を楽しませた。

「道化と子供は真実を語る」といった言い廻しがある。たとえ王様でも、道化師はズケズケものを言ってかまわない。誰もが言うのをはばかることでも、「道化の特権」によって口にしてもいい。ただし、笑いにつつみ、相手をたのしませ、真実をこえた真理の切れはしを含んでいること。絵にそえられた詩句のいうとおりである。

道化た仕草で
身すぎ世すぎ
ホラの一つが
実入りになる
賢者ぶったお方がたには
こちらがバカになるまで

上手にくらますのが
われら道化師の商《あきな》い

版画では丸い小さなものを右手で差しつけている。鏡であって真実を写す道具とされていた。頭の三角頭巾とともに、道化師の絵に欠かせない。

ザルツブルクは大司教座が置かれ、小なりとはいえ、ながらく独立した宗教国家だった。大司教が領主を兼ねている。聖職者にして世俗の権力者であって、ミサを取り行う一方で宮廷のダンスパーティを主宰する。宮廷音楽家はミサ曲といっしょに嬉遊曲の注文に応じなくてはならない。

「塩（ザルツ）の砦（ブルク）」というように、領内には豊かな岩塩坑があって、金庫が豊かだった。大司教兼領主様は、おかかえの道化師が亡くなると、自分たちを楽しませてくれた返礼に彫像を贈った。古い銅板画では花園のつくりになっていて、そこに点々とパパゲーノの同僚の石像が配置されていた。

バカげたことを言うが、バカにはつとまらない。おどけていても、半身は醒めている。喜劇を演じていても、ちゃっかり自分の利益は忘れない。モーツァルトのオペラ「フィガロの結婚」に出てくるフィガロがまさにそうではあるまいか。器用に曲がる膝でひざまずいても、ご主人様の弱みはきちんと見抜いている。

どの宮廷にも、きっと一人の道化師がいて、近侍として仕えていた。もめごと、争いごとには仲裁を買って出る。秘密を知っても決してみだりに口にしない。主人の弱みは握っていても、面目をつぶすようなことは控える。

たえずダジャレや軽口を口にしているが、いたって教養人であって、イタリア語やフランス語が堪能だった。ラテン語の金言などもこころえていて、何かのときに持ち出してくる。そのままというのではなくて、多少とも自己流に変えてあって、わかる者にだけわかるというしろもの。

古いエピソードによると、ある道化師は死の床で女房に言ったそうだ。いまさら神様に懺悔《ざんげ》するまでもない。もうすぐ、くたばるだけのこと。それから指を立てて天を指した。

「あちらではこちらとちがって、ふざけちらしていられまいね」

べつの道化師だが、死後の墓に注文をつけた。

わが墓石には、つぎのように刻むべし。

「何ものにもあらざりし者、ここに眠る」

いかなる権威にもくらまされない、生粋のレアリストの肖像というものだろう。

宮廷道化師（Hofnarr）が活躍したのは、とっくに昔の話だが、しかし、それは姿を変え、さまざまなところに生きている。ギュンター・グラスは長篇小説「ブリキの太鼓」の主人公を、自分の意思で幼いときのまま、肉体の成長をとめてしまった人物にした。十八世紀ドイツのバロック小説のおなじみの「宮廷侏儒」の系譜を二十世紀によみがえらせた。その手が打ち鳴らすブリキの太鼓は、道化の舌の変わりダネというものだ。

ドイツの主だった都市には「カバレット」とよばれるものがあり、小さな町にはカバレット一座が巡業してきて、何日間か公演をする。背広にネクタイ、あるいはTシャツにジーンズ、いで立ちはさまざまだが、現代の道化師たちである。

たいてい数人のチームで、地下の小劇場を根城にしている。歌とおしゃべり、ギター、あるいはピアノの弾き語り。寸劇をメドレーでつづけ、休憩をはさんで2時間ちかく、客のお腹の皮をよじらせる。

シャレや軽口がどっさりあるが、それ以上に辛辣な批評がある。首相であれ、大臣であれ、市長であれ、町のお歴々であれ、容赦しない。前日にテレビで口にされたこと、その日の朝の新聞に出ていたことを、すぐさま取り上げ、意地悪く解説を加える。ほめているとみせかけて意地悪く皮肉るなどはお手のものだ。感心したように合槌を打ちながら。裏の意味を嗅ぎとって、遠慮会釈なくご披露に及ぶ。

こっぴどくやっつけても、その相手を傷つけたりはしない。だから槍玉にあがっている当の市長が客席にいて、腹をかかえていたりする。むろん、ともに笑って楽しまなくてはならないだろう――。額に青筋立てて席を立ったりしたらバカの骨頂だし、「名誉毀損」で訴えたりしたら、恥の上塗りである。野暮天の極印をおされて、いっそうの笑いものになるのが関の山だ。

現代の道化師もまた先祖に忠実に笑いという批判によって、膠着した思考をやわらげる。硬化しがちな精神をもみほぐす。ノボセぎみの頭に冷水をあびせかけ、再考の余地を与えてくれる。

ヒトラー時代に最後まで抵抗したのはカバレットの一座だった。東ドイツの共産党政権下にもカバレットは演じられていた。社会の空気抜き的な役割があったのかもしれない。党の幹部は、禁止などすると、どんなシッペ返しをくらうか、よく知っていた。

道化が生きている社会は健全である。笑いの風穴から涼しい空気が吹きこんでくる。

パパゲーノの仲間

「道化師」

終　章

ごきげんよう

生かすも殺すも

薬師

海外旅行に欠かせないものの一つがクスリである。頭痛、腹痛、かぜ、下痢止め……。ひとおり備えていく。

「必要になったら現地で買えばいい」

これは軽率である。わが国にみるような薬屋は、わが国独自のものであって、ふつうはキャベツやタマゴを買うようにしてカゼ薬や下痢止めを求めたりしないのだ。

それでいて、きっと薬屋とは対面する。町の一等地にあって、いやでもApotheke（薬局）の文字が目にとまる。市庁舎前の広場、あるいは教会の向かい。

建物が立派で、標識からしてものものしい。晴れやかに王冠が刻みつけてあったり、「〇〇〇〇年創業」と謳ってある。その数字が、どうかすると中世にまでさかのぼる。

薬屋・薬局・薬師という職種の考え方がちがうのだ。棚からヒョイとつまみ取って、買物籠に放り込む「商品」を商うわけではない。身体一般を受け持つところ。教会は心の悩みを扱い、市庁舎は暮らしのもろもろのことに応じる。それと同じように、薬師は体の悩みの相談にのる。苦しみを解決する手立てを与えてくれる。だからして町一番の広場にあり、教会と向かい合っていて当然のことなのだ。

王冠のマークがついているのは、かつて「宮廷お出入り」だったしるし。脚の長い杖にヘビが巻き付いている絵柄もあって、これは古代ギリシャの医神をあらわすらしい。古風な店構えのところだと、壁一面に壺やガラス瓶が並んでいたりする。

クスリづくりのわしが部屋
甘いにおいの薬草いろいろ
口から喉へやんわり収まり
下痢や浣腸もおまかせあれ

病人の容態を聞いて薬師が調合する。そのためには薬草や薬物の深い知識がなくてはならない。症状は似ていても、人によってさまざまなちがいがあり、個々のケースでつくり方、服用の量などもちがってくる。だから病状を聞きとるのは、司祭が告解を聴くのにもひとしい。

生来、虚弱な人のために「神薬」と称する強壮剤もつくっていたようだ。もしかすると年寄りのお得意客にそっと注文された「バイアグラ」にあたるものだったかもしれない。

小水を調べた先生の処方しだい
いかなるクスリでも用意いたす

職種の本には薬師の前に医者の項があって、それによると近代医学の登場の前は、もっぱら小水を調べて診断を下したのだろう。理髪師が医者を兼ねているケースも多かった。鋏《はさみ》やカミソリは、先に述べたように外科の手術に兼用できる。

薬師は化学知識に通じていて、使用する原料を調達してくる。宮廷の庭にはしばしば薬草園が付属しているし、王立の鉱山からアンチモン硫化物とか、硫酸塩といったのが送られてくる。同じ薬屋でも「宮廷出入り」となると、信用と権威がちがっていた。

ゲーテの『ファウスト』には、有名な若返りの秘薬が出てくる。老学者ファウストは、それによって青年に若返り、いま一度の青春を味わった。悪魔との契約にまつわる「ファウスト」伝説といわれるものがあって、ゲーテはそれを利用したわけだが、秘薬に関しては実体験を生かしたようだ。十代のころだが、その種のクスリによって、命をとりとめた。

自伝的な『詩と真実』にくわしく述べている。19歳のとき、留学先のライプツィヒで奇妙な病気になった。胸に痛みが走り、消化不良がつづく。首すじに腫れものができて、日ごと大きくなる。やむなく郷里フランクフルトにもどってきた。

腫れものを散らそうとして硝酸銀といった腐食性のクスリを塗りつけたが、ちっとも効かない。内臓のぐあいが悪化して、やがてまったく機能しなくなった。

内科医が調合したクスリは二種あったという。一つは粉状をしていて、わりとおなじみ。もう一つが「神秘」につつまれていた。とっておきの万能薬で、医者の言うには、仮にこれを使うとしても厳しい条件があり、患者自身が化学や錬金術を勉強して、心の準備をしていなくてはならぬ。

その間にも日を追って瘦せていく。母親はいてもたってもいられず、「例の万能薬」を訴えたが、医者は拒みつづけた。いよいよ危険な状態になった夜ふけ、急ぎ立ちもどり、秘薬を持ってもどってきた。

重態の身ながら、ゲーテは注意深く見守っていたようだ。「乾燥した結晶状の塩類の入った小さなコップ」だったと述べている。水に溶かして服用。アルカリ性の味がした。

効き目があった。以来、病状はめだって好転し、薄紙を剝ぐように癒えていった。

ベッドを離れるやいなや、ゲーテはフイゴやフラスコ、蒸留用のシャーレなどを買いあつめ、実験に取りかかった。命を生み出す霊薬をつくり出すつもりだったが、もともと行動型の青年が、いつまでも屋根裏に閉じこもっていられない。自伝には正直に打ち明けている。

「結局、私は飽いてしまった」

そのときは放り出したが、60年後『ファウスト』第二部で、命の素をつくり出す男を描いている。人造人間ホムンクルスの誕生、現在の言葉だと「クローン人間」ということにあたる。

薬局はたいてい、おごそかな名をおびている。カッセルの町では「金の太陽」亭といった。十九世紀のはじめのことだが、店の夫婦に6人の娘がいて、その五番目をドロテーアといった。ドロテーアが13歳のとき、同じカッセルの町の大学生グリム兄弟と知り合った。20代初めの青年から問われるままに、娘は自分の知っているお伽噺を話してきかせた。彼女はのちにグリム兄弟の弟のほうのヴィルヘルムと結婚した。

グリム童話が薬屋の娘との出会いからはじまったのは偶然ではなかっただろう。薬屋は町きっての老舗であり、そこにはきっと物識りな人がいる。

「金の太陽」亭ではマリー・ミュラーという女性で、ドロテーアはマリーおばさんから昔ばなしをおそわった。

町の薬局と、幼い娘と、住みこみの女性と、学者の卵である兄弟と、そんなめぐり合わせからグリム童話が誕生した。

薬師については、明るい話ばかりとはかぎらない。生かすも殺すもクスリ次第であって、秘薬ができれば秘毒もつくれる。王権や権力争いがあり、当事者が若死したり急死すると、きまって毒殺の噂が流れた。

秘毒には新しい解毒剤でもって対抗する。薬物の歴史をたどっていくと、皮肉にも、もっぱら毒薬を中心にして発達したようなのだ。

それはともかくとしてグリム童話だが、知られるように耳で聞きとったとおりではなく、くり返し改訂された。主に弟のヴィルヘルムがしたところで、元の話を、よりたのしく、より印象深く伝えるために手を加えた。

そのとおりだろうが、改訂の手続きは多少とも薬師の仕事と似ていたのではあるまいか。生薬のままだと喉を通りにくい。服みやすくするために、あれこれと調合した。グリム童話はクスリをつくる作法とともに生まれた。

ゴスラーの「“助言”薬局」
1300年創業

「薬剤師」

魔の一瞬

リュートづくり

リュートはドイツの古楽器といわれる。わが国の古楽器の琵琶に似ているが、弦をはる腕が直角に折れている。琵琶法師は琵琶を奏し、歌物語をうたって諸国をめぐったが、ドイツ中世の吟遊詩人たちも、リュートを奏しながら物語をうたって歩いた。

ドイツ語ではラウテ（Laute）という。起源をたどると、メソポタミアあたりにさかのぼるのではあるまいか。たぶん、わが国へは「絹の道」を経由してつたわり、琵琶となったのだろう。東西でほんの少し形が違っていったのは、民族の音感の違いに応じてのことと思われる。

起源はともかく、リュートがドイツ生まれとされるのは、リュートづくりの名工がいたからだ。とりわけ十六世紀のティーフェンブルックナー、十七世紀のヨアヒム・ティールケが知られている。

ティーフェンブルックナーは南ドイツ・フュッセン近くの村ティーフェンブルック出身の楽

器職人たちで、同じ名前でリュートづくりに精を出した。名があがるにつれ、イタリアやフランスから招かれて、パドゥアやヴェネツィアやリヨンに工房を開いた。なかでもカスパール・ティーフェンブルックナーが名匠とうたわれた。ヨーロッパの楽器博物館を注意して見てまわると、この名前の製作が、伝説的な名器として陳列されているだろう。

ヨアヒム・ティールケは東プロシャのケーニヒスベルクに生まれた。ハンブルクで工房を開き、北ドイツにおけるリュートづくりの名工となった。

ティーフェンブルックナーたちもティールケも、リュートだけではなくヴァイオリンやギターも作った。

モミの木を材料に
切りそろえ乾かし
曲げるのが大仕事
弦を張り仕上げる
手はじめに弾いて
音階をなじませる
ワニスで美しく色づけする

ヴァイオリンもお手のもの

琵琶の実のように丸く曲げるのは、難しいワザだったにちがいない。ハンドルを回してしめつける道具が見えるが、一つを作るのに長い時間がかかったにちがいない。壁にはリュートと並んでヴァイオリンがつるしてある。完成品で、あとは客に引き取られていくばかり。

リュートの丸みは、ぼってりした腹を思わせる。ヴァイオリンは腹部をしめつけ、胸と腰を強調した女性のからだとそっくり。ホルンやトランペットは、頬をふくらませ、おもうさま口をおっぴろげたぐあいである。

楽器が人体を連想させるのは、そもそもが人体の延長であるからだ。手を拍ち、喉《のど》をしぼる。足を踏み鳴らす。リズムや動きを音にして表すにあたり、人体だけではもの足りない。はじめはまわりにころがっていた果実の殻や、石や、棒といったものだったのだろう。打ち合わせたり、すりつけると音が出る。器用な人がそこから工夫して、やがて楽器が誕生した。

リュートは、もっとも早くに完成した弦楽器だったようだ。中世の画家ヒエロニムス・ボスの「阿呆の船」と題された寓意画では、中央にリュート弾きが描かれている。ブリューゲルの絵でも、しばしば片隅に楽士の姿が見え、楽器を奏でている。「百姓ブリューゲル」と称されたように、農民の祭礼をよく描いたが、そんなときは皮袋式のバグパイプが使われた。

同じ中世末期のものに、「ダンス・マカブル（死の舞踏）」という版画シリーズがある。地上の生の空しさを説き、悔い改めへと誘うための教訓書だが、これは別名「楽器一覧」と呼んでもいいだろう。というのは、どの絵柄にもきっと一つの楽器が添えられているからだ。死神が楽士であって、死の踊りへ片手を差しのべ、もう一方の手で楽器を弾いている。リュートがいちばん多いが、ホルンもあればギターもある。バグパイプはもちろんで、ほかにトランペット、ヴァイオリン、角笛などなど。

ヨーロッパ一円にペストやコレラが大流行したころで、「黒い死」に対する恐れが生み出した寓意シリーズである。めいめいが残された地上の時を惜しむかのように跳びはね、踊りまわる。お相手は死神で、手の楽器が生と死の橋渡しの役まわりをする。

どの楽器も、そのころに完成をみて、以後は形態ともにほとんど変化していない。人間の発明品のなかで、楽器はもっとも忠実に原形をとどめている。胴がのびて音量がふえたり、弦を張るわくが広がって音階が増したり、鍵がふえて音域が拡大したが、変化はせいぜいその程度である。やがてピアノという音量ならびに表現力の点で並外れた新入りが加わった。

ドイツの音楽学者クルト・ザックスの本で知ったのだが、楽器の付属品の彩色は単なる装飾ではないらしい。たとえば太鼓には、まっ赤な紐がついていたりするものだが、もともと太鼓が「呪具」としてはじまったのに関係しているという。いけにえとのかかわりにおいて「人間や動物の血が塗られた」ことのなごりだそうだ。

そういわれると何やらわかる気もするのだが、リュートやヴァイオリンの栗色は、まるで血を煮つめたかのようにつややかな色をしている。ピアノの黒は深い闇の暗黒そのもの。とびきりの音に変身するためには、やはり呪術的な色つやを必要とするらしいのだ。

楽器博物館で出くわす伝説的な名器には、花や動物が描かれていたり、派手な文様ずくめだったりする。もしかすると、それも遠い時代の作法を伝えるのかもしれない。古代人は魔を封じるために、洞窟の壁に獣を描き、さらにそれを矢で射る絵柄にした。そうやってわが身を守ろうとしたのではあるまいか。

同じように魔除けの役割があったのだろう。楽器を手に取るとわかるが、演奏するわけでもないのに、へんに緊張する。異様に腹部がふくらんでいたり、あるいはしめつけられていたり、首がやけに細かったり、胴が入り組んでいたり、その形態の異様さからして、これが単なる音の道具であるはずがない。

演奏会やオペラなどは安い席がいい。天井に近いぶん、オーケストラボックスがよく見える。さながら楽器たちが一堂に集まっている。

はじめはへんな形の物体であって、楽譜台によりかかっている。あるいはツンとすまし顔で突っ立っている。

やがて演奏者が席につき、ゆっくりと場内の明かりが消えていく。つややかな栗色の弦楽器、白銀色の吹奏楽器、金の糸をもったハープ、白いお腹の大太鼓……。その姿が闇に沈んだとたん、魔の一瞬を待ちかねたように楽器たちがいっせいに声を放って、まるきり別の世界を生み出していく。背すじにムズがゆいような戦慄が走って、なぜか急にトイレに行きたいような気がするものである。

中世の木版画「死の舞踏」より

「リュートつくり」

誇りと象徴

紋章師

ドイツ人は紋章が好きだ。国や州や都市の紋章、教団、大学、結社、協会のシンボル・マーク、さらにわが国の屋号にあたるハウス・マークや職人組合のものを含めると、膨大にある。

歴史の近い例でいうと、ナチスが使ったハーケンクロイツ（鉤《かぎ》十字）がよく知られている。もともとは古代インドにはじまった紋章で、カギの右向きは「上昇」と「幸福」、カギの左向きは「消滅」や「死」をあらわしている。わが国の寺院や墓に左向き鉤十字が使われているのは、おなじみのところだろう。

ナチスはむろん、右向き鉤十字を採用した。ゲルマン神話に眠っていた紋章であって、これを党のシンボルにするとともに、赤と黒とをあしらって、おそろしく派手に利用した。ヒトラーが短期間に人をとらえ、国中にハーケンクロイツの旗がはためいたことについては、さまざまな理由があるが、紋章好きの国民と、シンボルのもつ呪術《じゅじゅつ》的な力が少なからずあずかっていたのではなかろうか。

鷲《わし》にライオン、熊、十字架、ユリの花といった図柄に、縦じまや横じまを組み合わせる。全体を盾の形にしたり、家紋風にしたり。さらに部分を変化させて、小道具を取り換える。いつしか「紋章学」といった学問ができた。紋章院がつくられ、紋章つきの制服を着た紋章官が紋章を管理していた。

ドイツ旅行の際には、市庁舎正面に気をつけている。塔や大時計の下あたりに、きっと町の紋章が誇らかに飾られているものだ。町の起源なり性格をつたえていて、少しでも紋章の知識があると、旅行がうんと楽しくなる。

町はごく小さいのに、紋章には雄大な双頭の鷲がついているのはどうしてか。二つの塔の上の守護神のように二つの頭の鷲が金の王冠をいただき、いまにも飛び立つように翼をひろげている。

双頭の鷲は神聖ローマ帝国の紋章だった。中世から近世にかけてのドイツ語圏に神聖ローマ帝国と称した連合体があって、選挙で皇帝を選んでいた。実権はほとんどないが、権力者は名誉を欲しがる。大々的な選挙運動をしたので、財力にまさるハプスブルク一族などが皇帝に選ばれた。

その点はともかく、そういった特性をおさえていると、その町を考える上で参考になる。帝国直属の都市のしるしであって、皇帝派で、信仰はカトリック。

十七世紀に三十年戦争というとてつもない戦争があった。30年ものあいだ、ヨーロッパ全域が戦乱にあけくれ、信仰の名のもとにカトリックとプロテスタントが殺し合いをした。ドイツは人口の3分の1を失った。

一般に北部ドイツはプロテスタント、南部ドイツはカトリックとされているが、両者は微妙に入りまじっている。双頭の鷲を紋章にかかげた町が戦況の変化につれ、どのような状況に陥ったか想像できるだろう。

そのなかで生きのびるためには、知恵と工夫が必要だ。先見性と駆け引き、政治的判断力がものをいう。ドイツの地方自治の強さと健全性はよくいわれるが、それは国家から与えられたものではなく、三十年戦争といった歴史のなかで厳しく鍛えられた。誇らかに紋章をかかげる理由があってのことである。

市庁舎は見上げるだけでなく、中に入ってメモリアルホールなどを見物するといい。公式の儀式が催されるところで、功績のあった人物の肖像画や町の旗が掲げてある。それ自体はつまらないが、そこにはまたズラリと紋章が並んでいて、これはなかなかの見ものである。

ギルドというのをごぞんじだろう。手工業者の同職組合であって、ドイツではふつう「ツンフト（Zunft）」といった。組合本部はツンフトハウス。組合のきまりはツンフトブリーフ、同じ組合の仲間ならツンフトゲノッセである。

共同体であって、自分たちの利益を守る。注文をまわし合ったり、材料を融通したり、組合で販売を一手に引き受ける。そういった経済面だけでなく、ツンフトゲノッセの病人や老齢者の扶助、父や夫を失った者たちの援助といった社会保障、徒弟の養成、資格認定などの教育面もになっていた。

身をもって職業モラルを示す一方で、ツンフト代表が町の行政に参画する。共同体のシンボルである紋章の列は、それ自体が町の成り立ちと発展を絵解きしている。私はおりおりそれを、デジタルカメラで写真にとって、カフェで休息中に拡大してながめていた。

紋章のデザインをよく見ると、いかなる職種かがわかる。ノミと槌《つち》なら鉱山関係だろう。斧《おの》と定規は大工さん、ハンマーや金床は鍛冶師である。知恵の輪のようなものに丸まったかたまりがそえられていればパン焼き職人。知恵の輪状のものは塩をまぶしたしょっからいパンである。

ほかにも皮革業、醸造、桶《おけ》づくり、金銀細工、衣服、袋もの、染物、靴、風呂、拍車づくり、車、油、陶器、鞍《くら》……。どの業界であれ、それぞれが独自の紋章なりシンボルなりをそなえていた。

紋章には聖人像がそえられていることもある。守護聖人であって、聖ヨーゼフは大工だったと伝わるから、大工の組合の守り神になった。こじつけに近いものもあって、仕立て職人の守護聖人が洗礼者ヨハネなのは、荒野をさまよっていたとき、ラクダの毛で編んだ衣服をまとっていたからだそうだ。

錠前師は聖ペテロで、これはペテロがキリストから鍵を渡されたことにちなんでいる。紋章学の約束のうち、とりわけ蛇がよく使われる。商業の神へルメスにちなんでのこと。ヘルメスの所有物である杖に蛇がからみついている。

ユニコーンこと一角獣が薬局の商標になったのはどうしてか？『紋章学ハンドブック』といった本にあたると、思いがけないつながりがわかる。

ただ約束はさまざまに転用されるのでややこしい。ブレーメンの都市の紋章は大きな鍵だが、べつに錠前師の町というのではない。帝国直属の都市となり、大司教をいただいていたころ、鍵をもつペテロと大司教杖とを紋章にしていた。大司教に代わり市参事会の時代になって聖ペテロが退場して鍵だけになった。鍵は金庫を思い出させるが、貨幣鋳造権もあらわしている。ドイツでは永らく国や都市が自前の貨幣をつくっていた。鋳造権は自立した自治体をあらわすものであり、鍵の紋章にはそれだけの重みがある。

鍵は使徒ペテロのもとでは「天国の鍵」であって、それはまた世界へ開く鍵ともみなせるだろう。そのせいか自由貿易をめざしたハンザ都市は好んで鍵を紋章にとり入れた。

紋章一つから、思いがけない連想ゲームがたのしめる。

現代ではデザイン工房が紋章院であって、紋章師こと産業デザイナーのつくり出す商標や会社マークは現代に生きる紋章である。ただし、これはさして背後の意味をもたず、権威のシンボルでもない。せいぜいのところ、宣伝、販売、戦略のための記号であって、メディア社会にあらわれては消える泡つぶのようなもの。現代の紋章はサラリーマンの背広の襟にピンでとめてある。

デッサオ市の庁舎入口

メッテルニヒ公
の生家
（コブレンツ）

あたたかい天国

風呂屋

風呂好きは、日本人だけの特性ではない。ドイツにも大きな町にはお湯屋、銭湯にあたるものがある。公共の施設と民間の経営によるものとは少しちがいがあるようだが、湯や冷水、マッサージなどいろんなコースがある。頭に手拭いをのせて歌のひと節を口ずさむといった雰囲気には乏しいが、湯をたのしむ点でかわりはない。

古い木版画には、湯のなかで飲食をしているものもある。わが国の温泉ポスターに見かけるのと少し似ている。アマンの「職業尽くし」にも風呂屋が入っているのは、垢すりやひげそりが職人わざに数えられていたからだろう。

金持も貧乏人もさあござれ
風呂はあたたかい天国なり

風呂桶、水桶、子供用の桶が見える。客は長椅子にすわり、うしろにスポンジのようなものを手にした男がいる。わが国のかつての用語では「三助《さんすけ》」といったが、あざやかな手つきで洗っていく。

香ばしい灰汁《あく》であらったり
瀉血《しゃけつ》で余分な血を取ったり

風呂屋は体のことをよくこころえていて、マッサージ師、あるいは医者の役目も兼ねていた。そのせいか、歯医者の次に収まっている。

十六世紀のこのころは風呂屋がけっこう繁盛していた。温浴の習慣は健在だった。それが十七世紀以後、パタリととだえた。町から風呂屋が消え、温泉は壊され、源泉は埋められた。お風呂文化の暗黒時代がやってきた。

一つには風紀の乱れがあった。アマンの木版画でも赤ん坊をつれた若い母親が全裸で椅子に腰かけている。多少ともきわどい雰囲気を思わせせないでもないだろう。

教会はたえず、この種の施設に疑いの目を向け、ことあるごとに警告していた。

二つ目の理由として、コレラやペストの大流行があった。さして衛生的といえない湯や桶が、目の敵にされ、客が寄りつかなければ、店を閉めるしかない。

三つ目には十七世紀のドイツを襲った三十年戦争の災禍があった。宗教の御旗をかかげ、新・旧教徒が殺し合いをした。戦いに明け暮れして、ときには町が焼き打ちにあい、一つの村が消滅するような状況である。もはや地上に「あたたかい天国」など望むべくもない。瀉血で血を取るまでもなく膨大な血が流された。三十年戦争が終わったとき、ドイツの人口は3分の2までに減じていた。

お風呂はやすらぎの象徴であり、湯をたのしむためには平和がなくてはならない。ドイツでは十九世紀の30年代、「ビーダーマイヤー時代」とよばれる平穏の訪れとともに風呂の習わしがもどってきた。近代医学が温泉の効能に気づいたせいもある。各地の源泉が掘り返され、南ドイツのバーデン・バーデンをはじめとして、湯けむりの里が復活した。

名称を「カールバート」という。よくカールスバートとまちがえられる。カールスのほうは現代はチェコ語で「カルロビ・ヴァリ」といい、かつてはボヘミア王国の名湯カールスバートとしてゲーテやベートーヴェンも訪れた。

そこではなく南オーストリアの一軒宿カールバート、看板に海抜1740メートルとあるから、いわゆる山の湯にあたる。百年ちかく前に鉱石が見つかり、以来、発見者のアシュバッハー家の人々が湯宿として経営してきた。古風なやり方をそのまま登襲していて、伝統的な温浴文化が文字とおり肌身で体験できる。

宿と浴室は渓流わきにあって、たえず水音がとどろいている。浴室に丸太をくり抜いた湯船が五つばかり並んでいた。

三代目アッシュバッハー氏が湯守りの役まわり。バケツで渓流の水を湯船に入れる。丸太をくり抜いたものなので、一人が寝そべってちょうどの大きさだ。水はとび上がるほど冷たい。そこへまっ赤に燃やした鉱石を放りこむ。大きな音とともに水蒸気が立ち昇り、さながらこの世の地獄である。

しかし、それは一瞬のこと。湯気が薄まると、にこやかにのぞきこんだ湯守りの顔が目の前にある。

「湯加減はどうだナ？」

「少しぬるい」

灼熱した鉱石とはいえ、あたため方が緩慢であって、熱い風呂に慣れた日本人にはもの足りない。

「ならばもう一丁」

再度、鉱石が放りこまれ、ふたたびワッと水蒸気が立ち昇る。その瞬間は熱湯のようで、おもわず湯船からとび出ると、バケツの冷水がそそぎかけられた。

あとは湯船でおやすみ。首だけ残して小板が順ぐりにわたされ、プクプクと音を立てる鉱石ともども、半時あまりうつらうつらしている。まさしく「あたたかい天国」というものだ。

三代目当主の話だと、初代アッシュバッハー氏は温泉町バートガスタインの人だった。当時、湯治場といわれるところは温泉そのものよりも、カジノで名を売っていた。病んだ人、保養を求める人よりも賭博好きがやってきて、ルーレットに目の色を変えていた。

そんな温泉の現状にあきたらず、鉱泉を求めてオーストリア南部にやってきた。求めていた湯水はなかったが、鉱石の山に行きついた。発想の転換であって、鉱石を灼《や》いて、これで清水をあたためれば、有効な成分を含んだ鉱泉になる。しかも石の量であたためぐあいを調節できる。

たしかに初代アッシュバッハー氏のころ、有名な温泉町はカジノで知られていた。ドイツの名湯バーデン・バーデンには、「ドストエフスキーの泊った宿」といった記念の銘板が見つかるが、大の賭博好きだったドストエフスキーは、湯船よりもルーレット台をめざしてやってきた。所持金をすっかりスッてしまい、帰国の旅費をひねり出すため、妻の結婚指輪を売り払ったこともある。

ただし作家業はこの点、便利であって、ちゃっかりと「賭博師」と題する小説に仕立てて元をとった。

マーク・トウェインの『赤毛布外遊記』にもバーデン・バーデンが出てくるが、このアメリカの作家によると、「ペテン師とイカサマ師と食わせ者の町」だった。

トーマス・マンは『詐欺師フェーリクス・クルルの告白』を書く際、この温泉町の人間を大いに参考にしたというから、天下御免のカジノの町には、少なからず怪しげな連中が出入りしていたらしいのだ。初代アッシュバッハー氏が愛想づかしをして、山の湯をめざしたのも無理はない。

現代のバーデン・バーデンはいたって健康な町である。たいていの人が2週間、3週間の休暇をとってやってくる。温泉療法は保険がきくので、保険証を持参している。巨大な露天風呂といった感じの温泉プールでひとあびしたあと、遊歩道を散歩して鉱水を飲む。お仲間とおしゃべりをする。

その小市民的天国が多少ともハナについて、山の湯に行きついたわけだが、なかなかいいコースをたどったといえる。中世さながらの丸太風呂を体験したあげく、湯宿のお客にヒーロー扱いされた。二度の鉱石投入にも、まだぬるい気がしたので、三度目を所望した。それでやっと、わが国のお風呂の「熱め」程度だったが、当地では例外中の例外だったらしい。テラテラ顔で浴室から出てくると、いっせいに拍手が起きた。風呂につかって拍手をあびたのは生まれてはじめてだった。

その夜、相客と大さわぎをした。三代目湯守りはアコーディオンの名手で、夜半ちかくまでカールバートの山一帯に歌声が流れていた。

三代目当主の
アッシュバッハー氏

「風呂屋」

とむらい屋

ごきげんよう

ヘッセン州の町カッセルはグリム童話の生まれたところである。グリム兄弟は、この町の「金の太陽」という薬屋の娘から多くの昔ばなしを聞きとった。かつての宮殿の一つがグリム兄弟博物館になっている。

隣合った建物はノイエ・ガレリーといって、「ドクメンタ展」の秀作が並んでいる。5年ごとに当地で開かれる現代美術展は、いまや世界的な祭典になった。

そこまでは知っている人も、同じカッセルの町に「葬儀博物館」があるのはごぞんじないだろう。「埋葬文化の博物館」と訳してもいい。念のためドイツ語をあげておくと、つぎのとおり。

Museum für Sepulkralkultur

市中から少し歩いたところのヴァインベルク通り25番地。「ぶどうの山」通りの名のとおり少し高台にあって、陳列されている霊柩車や棺ごしに、ヘッセンのゆるやかな丘が見える。「職業尽くし」にとむらい屋がないのはおかしいだろうか？　むろん、そんなことはない。いのちの始まりが産婆さんの領分だとすると、いのちの終わりはとむらい屋の出番である。人類の誕生と同じほど古い商いだろうが、職能からして死のマネジャー役であって、多少とも表には出にくいのだ。

旅行者がとむらい屋を探すなんてまずしないだろうが、目抜き通りを歩いていては見つからない。死者は晴れやかな場を好まないのだ。裏手の通り、教会や墓地に近いところ。

それでも見つからないのは「葬儀店」といった看板を掲げているのではないからである。たいていは「悲しみの相談役」あるいは「哀悼のコンサルタント」。そんな意味の文字が小さく出ている。なかなか味のある命名ではなかろうか。

動物が死を感じることはあっても、人間のように、つねづね死を考えていたりはしていないだろう。それは人間だけのこと。とはいえ、古代ギリシャの哲学者エピクロスは、「死は人間にかかわらない」と述べた。生きているときは死は未知のものであり、死が訪れたとき、もはや死を認識できないからだ。

古代人は明快に死を退けたが、近代人はむしろ死を呼び寄せ、親しんできたようだ。現代人となると、ますます日常的で、テレビや新聞のニュースには死が氾濫している。現実の話だけでは足りないかのように、映画にもドラマにも死は欠かせない要素である。「××殺人事件」のタイトルを見ると、いそいそとチャンネルを合わせたがるのは、人間のどのような本能にもとづいてのことなのだろう？

ウィーン、ベルリン、ミュンヘン、ハンブルク……。どこでもいいが大都市の地図には「中央墓地」とよばれる広大な空間が、独特の記号つきでしるされているものだ。形も共通しており、中央の広い通りを軸にして放射状に細い通路がのび、通路の左右に整然と無数の墓が並んでいる。

そんなつくりからも、都市が近代化された際、市中の教会に付属してあちこちにちらばっていた墓地が、市外の定まったところにまとめて移されたことが見てとれる。都市と同じく墓地も近代化されたわけだ。

カッセルの葬儀博物館を一巡するとよくわかるが、「墓地の近代化」に応じてとむらい業もまた専門化した。棺の大きさ、スタイルにマニュアルができた。霊柩車も大きく、美しくなった。それまでは近くの教会ですんだのが、市外の遠くまで運ぶわけだから。おのずと人目につき、パレードの性格をおびてくる。家や一族の威信を示すために、華やかな葬式を望む人たちが出てきて、それに応じるものを準備しておかなくてはならない。

この商いはどんなに商売熱心でも、営業に廻るわけにいかない。声がかかるのを待つだけである。しかし、ただ待っているだけでは、いい商いにありつけない。やはり宣伝をしておく必要がある。

「天蓋つき馬車使用」

「眺望よき墓所紹介」

「美麗棺！　良質材による最高の仕上げ……」

十九世紀のとむらい屋のチラシに絵入りで出ていた。天蓋つき馬車の車体は、わが国におなじみの霊柩車に似ていて、ゴテゴテした飾りがそっくりだ。べつにわが国の業者がまねたのではなく、必然性のない装飾をつけるとなると、人間の想像力が同じような様式をとるからだろう。

墓所に眺望は無用だと思うが、実はそうではなく、陽当りがいいと墓地がじめつかない。死者もまた「快適に永眠」できる。

棺の最高級品は全体に色づけがほどこされ、上に家紋や、死の象徴や、魂の救いを語る言葉が絵文字のようにしてついている。なんともハデやかで、永遠のやすらぎがかき乱されないか心配になるほどだ。

西洋画には「ダンス・マカブル（死の舞踏）」といった図柄がある。中世このかた数かぎりなく描かれてきたもので、死神が人間のような姿をとり、生の空しさを談じ、悔い改めへと導くための教育係をつとめている。きまって大きな鎌を持ち、人のいのちを刈りとっていく。

　時代とともに図柄が変化して、もはや味けない鎌など持たない。先にいちど触れたが、代わりに楽器を手にしはじめる。トランペットを吹き、リュートを抱え、あるいはヴァイオリン、カスタネット、太鼓、ホルン、角笛。死の予告者というよりも、むしろ陽気な楽士たちである。メロディとともに死者を彼岸へ送り出す。

　埋葬文化がもっとも華やぎをおびたのは十九世紀末あたりで、二十世紀に入ると、急速に即物的になっていく。飾りのどっさりついた馬車にとって代わって、いかにも機能的な霊柩車が登場した。クルマのうしろが大きいという以外、何の特徴もない。ただ側面の窓ガラスが黒く、そこに光明をあらわすような矢が走っているだけ。

　当今の「悲しみの相談役」は現役のビジネスマンであって、博物館には陳列されていない。たまたま私は、ある町のオーケストラのメンバーの一人を知っており、その人から聞いたことがある。葬式があると、ワリのいい仕事がまわってくるそうだ。ヴァイオリンとヴィオラの4人組が多いというが、死者の遺言、あるいは遺族の希望で、埋葬のわきで演奏する。小遣い稼ぎにちょうどいい。曲目によって礼金に多少のちがいがあり、モーツァルトの「レクイエム」が一番高い。

カッセルの葬儀博物館では、しきりにメモをとっていたので、係りの人は日本の同業者と思ったのかもしれない。目が合うと、心得顔で、しきりにうなずいてくれた。

出口に来て気がついたが、ガラスドアに、くっきりと〝Leben Sie wohl（どうぞ、お達者で）〟の白い文字。死者からのお餞別。おもわずクスクス笑ってしまった。ユーモアのわかるとむらい屋がいるようだ。

「踊る死神」シリーズより

あとがき

朝型のタイプなので、早朝に仕事をする。始める前にチラッと時計を見る。書棚の上から三段目、ドイツ・ヘッセン州の州都ヴィースバーデンの時計師ライナー・ボトケ氏の手になるもので、本文に述べたとおり、古いのを改造して、斜め45度の台座に収めてある。文字盤がスッキリしていて、独特の品格のあるローマ数字が、怠け心をいさめながら、今は刻々と日本時間を刻んでいる。

寄る年波で小さな活字が読みとれないときは、机の右手のレンズの出番である。見たところ少しかしいだガラス玉だが、文字にのせると、丸い背に拡大された文字が浮かび出る。マインツの眼鏡店ヴェルナーで手に入れた。店主みずから切って磨いたというから、文字どおりの手づくりである。

ひと区切りがつくと、となりの椅子に移る。背もたれがゆるやかに逆「く」の字をしていて、肘掛けが長く、お尻が奥に沈みこむつくり。休んだり、ウトウトするのにちょうどいい。

テューリンゲンの大きな山、魔女伝説で知られるブロッケン山の麓、ヴュルニゲローデの木工所でいきあった。完成品にすわらせてもらったところ、あまりにここちいいので、一世一代の大フンパツをして発注した。

「いつごろ届きますか？」

「わからない」

材料を見つくろうのと、乾燥させるのと、それにひと月余のヴァカンスがはさまるのと――そのあとのことで、誰にもわからない。

すっかり忘れていたころ、やたらに書類がペタペタ貼ってある大きな荷物が届いた。包みをとくと、こころなしかテューリンゲンの森の匂いがした。

夜は仕事などしない。まずビール、それからワイン。途中にリキュールをひっかける。ドイツ人は「お腹のバクテリアを殺す」という。そんな名目で口なおしをするわけだ。

マイセンの錫師フーゴー・レーマン作のグラスである。これも本文で紹介したが、レーマン工房は現当主で七代目。マイセン磁器で知られた町で、「マイセン錫」のワザを伝えてきたのだから、職人気質と腕のたしかさが見てとれる。

いずれも町歩きをしていて見つけた。ちょっとした目じるしを手がかりにした。店なり仕事場をガラスごしにのぞくと、額に入ったものが壁にかかっている。表彰状のような飾り文字になっていて、下に印章とサイン入り、「マイスターブリーフ（親方免状）」であって、一丁前になったしるし。主人が威厳のある白髪とくると、なおのことしめたものだ。

無口な人が多いが、ポツリとひとこと洩れたりする。徒弟時代は、よく使いに出された。つまらない雑用と思っていたが、あとになって気がついた。いずれ自分が入っていくはずの職人社会を知るための準備だった。

「いちばんうれしかったのは？」

どの人も同じ返事だった。基本を終えたあと、はじめて「自分の作」をつくらせてもらったとき。いまもありありと憶えている。

そんなことをＮＨＫ出版の西村有希さんにおしゃべりしたところ、ある日、3年間の予定で書かないかとさそわれた。その連載が終わり、わが職人たちはやすらかな眠りについた。ふとしたことで、それが東京堂出版の吉田知子さんの目にとまり、グリム童話の「いばら姫」の王子さまの役まわりをつとめてくださった。そんなふうにして、この本ができた。

古い時代の手職の世界にわたっている。職人名に及んで、今では表現をつつしむようなことが顔を出している。歴史上、事実をあいまいにできないので、あえて書いたところもある。その点、ご寛容をおねがいしたい。

お世話になった本は、ハンス・ザックスとアマンの古い本をはじめ、いくつかあるが、この本の性質上、ことごとくあげていない。主なものは引用のかたちで文中に述べた。行きずりの旅行者の身で、ふところ深い職人の世界に入れるものではない。しばしば、こちらの専門の文学の人物やエピソードから教えを受けた。おもえばいろんな人たちのお世話になった。いまはただ、映画のシーンのように思い返して、懐かしんでいる。

二〇一八年八月

池内　紀

《図版出典》

■版画出典：

『西洋職人づくし』（ハンス・ザックス詩、ヨースト・アマン版。小野忠重解題、1970年、岩崎美術社刊）より

18頁「床屋」、25頁「時計師」、33頁「眼鏡屋」、40頁「小間物屋」、48頁「靴屋」、55頁「粉ひき」、64頁「ビールつくり」、72頁「ぶどう酒つくり」、79頁「肉屋」、100頁「活版師」、108頁「坑夫」、115頁「石工」、122頁「錫工」、129頁「彫刻師」、136頁「蹄鉄師」、143頁「皮なめし」、157頁「オルガンひき」、164頁「鐘師」、179頁「金貸し」、193頁「代言人」、215頁「かりうど」、222頁「船乗り」、229頁「道化師」、238頁「薬剤師」、245頁「リュートつくり」、260頁「風呂屋」

■その他図版出典：

著者提供　18、33、40、48、55、72、79、86、93、100、108、122、129、136、143、150下、157、172、179、186、193、199、208、215、222、229、238、245、252、260、267頁

Photo Library　64、150頁（上）

アマナイメージズ（©Photoshot/amanaimages）　115頁

本書は「ＮＨＫ　ラジオドイツ語講座」２００４年４月号から
２００６年３月号の連載をもとにしました。

池内　紀（いけうち・おさむ）

1940年、兵庫県姫路市生まれ。ドイツ文学者・エッセイスト。『ゲーテさんこんばんは』で桑原武夫学芸賞、『海山のあいだ』で講談社エッセイ賞、『恩地孝四郎—— 一つの伝記』で読売文学賞を受賞。その他著書に『消えた国　追われた人々——東プロシアの旅』、『戦争よりも本がいい』、『闘う文豪とナチス・ドイツ——トーマス・マンの亡命日記』、『亡き人へのレクイエム』、訳書に『カフカ小説全集』（日本翻訳文化賞）、ゲーテ『ファウスト』（毎日出版文化賞）、カント『永遠平和のために』、グラス『ブリキの太鼓』などがある。

ドイツ職人紀行

2018年９月30日　初版印刷
2018年10月10日　初版発行

著　　者　池内　紀
発 行 者　金田　功
発 行 所　株式会社 東京堂出版
〒101-0051　東京都千代田区神田神保町1-17
電　話　(03)3233-3741
http://www.tokyodoshuppan.com/
装　　丁　坂川栄治＋鳴田小夜子（坂川事務所）
D T P　株式会社 オノ・エーワン
印刷・製本　中央精版印刷株式会社

ISBN978-4-490-20992-1 C0095